HEYNE

Dr. Oetker

Tortenlust & Kuchenzauber

WILHELM HEYNE VERLAG
MÜNCHEN

Vorwort

Sie lieben es, neue Torten- und Kuchenrezepte auszuprobieren? Sie wollen Freundinnen und Nachbarinnen mit neuen Backkreationen beeindrucken?

Dann werden Sie hier bestimmt fündig.

Hier finden Sie Kreationen, die Sie so bestimmt noch nicht kennen.
Versuchen Sie doch einmal die Weincremetorte oder die Ministertorte. Etwas für jeden Tag sind Apfel-Rosmarin-Torte oder Süßkartoffel-Bienenstich.

Und für die große Kaffeerunde gibt es Rhabarber-Brioche-Kuchen oder Mirabellen-Orangen-Kuchen.

Alle Rezepte wurden ausprobiert und so gut beschrieben, dass sie Ihnen sicher gelingen.

Buchweizen-Holunder-Torte

Zubereitungszeit:
45 Minuten, ohne Kühlzeit
Backzeit: etwa 30 Minuten

Für den Biskuitteig:
4 Eier (Größe M)
175 g Zucker
1 Pck. Dr. Oetker Vanillin-Zucker
200 g Buchweizenmehl
2 gestr. TL Dr. Oetker Backin
100 ml Speiseöl

Für die Füllung:
6 Blatt weiße Gelatine
500 ml Holundersaft (Handelsware)
100 g Zucker
1 Pck. Dr. Oetker Pudding-Pulver Vanille-Geschmack
500 g Schlagsahne
1 Pck. Dr. Oetker Sahnesteif

Zum Bestreichen:
2 EL Himbeerkonfitüre

Für den Rand:
etwa 50 g weiße Schokolade

PRO STÜCK:
E: 5 g, F: 19 g, Kh: 38 g,
kJ: 1426, kcal: 341, BE: 3,0

1 Den Backofen vorheizen.
Ober-/Unterhitze: etwa 180 °C, Heißluft: etwa 160 °C

2 Für den Teig Eier in einer Rührschüssel mit einem Mixer (Rührstäbe) auf höchster Stufe in 1 Minute schaumig schlagen. Zucker mit Vanillin-Zucker mischen, in 1 Minute einstreuen, dann noch etwa 2 Minuten schlagen.

3 Mehl mit Backpulver mischen, in zwei Portionen auf die Eiercreme geben und kurz auf niedrigster Stufe unterrühren. Den Teig in eine Springform (Ø 26 cm, mit Backpapier belegt) geben und glatt streichen. Die Form auf dem Rost in den vorgeheizten Backofen (unteres Drittel) schieben. Den Biskuitboden **etwa 30 Minuten backen.**

4 Den Biskuitboden aus der Form lösen, auf einen mit Backpapier belegten Kuchenrost stürzen und erkalten lassen. Mitgebackenes Backpapier entfernen.

5 Für die Füllung Gelatine nach Packungsanleitung einweichen. Aus Holundersaft, Zucker und Pudding-Pulver einen Pudding nach Packungsanleitung zubereiten. Eingeweichte Gelatine leicht ausdrücken und in dem heißen Pudding unter Rühren auflösen. Den Pudding unter mehrmaligem Rühren erkalten lassen. Sahne mit Sahnesteif steif schlagen. 3 Esslöffel Sahne abnehmen und kalt stellen.

6 Wenn die Puddingmasse anfängt zu gelieren, einen Esslöffel der Puddingmasse abnehmen, in ein Pergamentpapiertütchen (Gefrierbeutel) füllen und beiseitestellen (nicht kalt stellen). Restliche Sahne unter die restliche Puddingmasse heben.

7 Den Biskuitboden zweimal waagerecht durchschneiden. Den unteren Boden auf eine Tortenplatte legen und mit Konfitüre bestreichen. Ein Drittel der Holunderbeer-Sahne-Creme daraufgeben und glatt streichen. Den mittleren Boden darauflegen und mit der Hälfte der restlichen Holunderbeer-Sahne-Creme bestreichen. Mit dem oberen Boden belegen.

8 Tortenrand und -oberfläche mit der restlichen Holunderbeer-Sahne-Creme bestreichen. Die kalt gestellte Sahne als kleine Häufchen auf die Tortenoberfläche setzen. Sahnehäufchen mit dem Holunderbeerpudding aus dem Pergamentpapiertütchen (Gefrierbeutel) verzieren.

9 Für den Rand Schokolade mit einem Sparschäler raspeln. Den Tortenrand damit bestreuen. Torte etwa 2 Stunden in den Kühlschrank stellen.

Schokoladen-Joghurt-Torte

Zubereitungszeit:
40 Minuten, ohne Kühlzeit
Backzeit: 20–25 Minuten

Zum Vorbereiten:
100 g Zartbitter-Kuvertüre
75 g Butter

Für den Biskuitteig:
3 Eier (Größe M)
125 g Zucker
1 Pck. Dr. Oetker Vanillin-Zucker
150 g Weizenmehl
1 gestr. TL Dr. Oetker Backin

Für die Füllung:
3 Blatt weiße Gelatine
500 g griechischer Sahnejoghurt
abgeriebene Schale von ½ Bio-Zitrone
1 EL Zitronensaft
100 g Zucker
250 g Schlagsahne

Zum Bestreichen:
2 EL rotes Johannisbeergelee

Für die Schokoladensauce:
25 g Zartbitter-Kuvertüre
50 g Schlagsahne
2 gestr. TL Trinkschokolade (schnell löslich)

PRO STÜCK:
E: 6 g, F: 17 g, Kh: 29 g,
kJ: 1228, kcal: 294, BE: 2,5

1 Zum Vorbereiten Kuvertüre in Stücke hacken, mit der Butter in einem kleinen Topf im heißen Wasserbad bei schwacher Hitze unter Rühren schmelzen. Kuvertüremasse etwas abkühlen lassen.

2 Den Backofen vorheizen.
Ober-/Unterhitze: etwa 180 °C, Heißluft: etwa 160 °C

3 Für den Teig Eier in einer Rührschüssel mit einem Mixer (Rührstäbe) auf höchster Stufe in 1 Minute schaumig schlagen. Zucker und Vanillin-Zucker mischen, in 1 Minute unter Rühren einstreuen, dann noch etwa 2 Minuten schlagen. Mehl mit Backpulver mischen und kurz auf niedrigster Stufe unterrühren. Kuvertüre unterheben. Den Teig in eine Springform (Ø 26 cm, mit Backpapier belegt) geben und glatt streichen. Die Form auf dem Rost in den vorgeheizten Backofen schieben. Den Biskuitboden **20–25 Minuten backen.**

4 Den Biskuitboden aus der Form lösen und auf einem Kuchenrost erkalten lassen. Mitgebackenes Backpapier entfernen. Den Biskuitboden einmal waagerecht durchschneiden.

5 Für die Füllung Gelatine nach Packungsanleitung einweichen. Joghurt mit Zitronenschale, -saft und Zucker verrühren. Eingeweichte Gelatine ausdrücken, in einem kleinen Topf unter Rühren auflösen. Gelatine zuerst mit 3–4 Esslöffeln der Joghurtmasse verrühren. Dann unter die restliche Joghurtmasse rühren. Sahne steif schlagen. Wenn die Joghurtmasse anfängt dicklich zu werden, Sahne unterheben.

6 Den unteren Biskuitboden auf eine Tortenplatte legen und mit Johannisbeergelee bestreichen. Die Hälfte der Joghurt-Sahne-Creme daraufgeben und glatt streichen. Den oberen Biskuitboden darauflegen und leicht andrücken.

7 Restliche Joghurt-Sahne-Masse in einen Spritzbeutel mit großer Sterntülle (Ø 10 mm) füllen und große Rosetten auf den Tortenrand spritzen. Die Torte etwa 2 Stunden in den Kühlschrank stellen.

8 Für die Sauce Kuvertüre und Sahne in einem kleinen Topf im heißen Wasserbad bei schwacher Hitze unter Rühren schmelzen. Trinkschokoladenpulver unterrühren. Die Sauce auf den Rosetten und der Tortenoberfläche verteilen. Die Torte nochmals etwa 30 Minuten in den Kühlschrank stellen.

TIPP: Die Torte kann auch als Dessert gereicht werden.

Papaya-Weintrauben-Torte

Zubereitungszeit:
50 Minuten, ohne Kühlzeit

Für den Belag:
1 große, halbe Papaya (etwa 600 g)
200 g blaue, kernlose Weintrauben
8 Blatt weiße Gelatine
200 ml klarer Apfelsaft
75 g flüssiger Honig

Für den Tortenboden:
225 g Hafer-Mürbekekse
100 g Butter

Für die Creme:
4 Blatt weiße Gelatine
500 g Vanillejoghurt
2 EL flüssiger Honig
250 g Schlagsahne

PRO STÜCK:
E: 6 g, F: 20 g, Kh: 29 g, kJ: 1332, kcal: 318, BE: 2,5

1 Für den Belag Papayahälfte entkernen und schälen. Von dem Fruchtfleisch 400 g abwiegen und in etwa 1/2 cm dicke Scheiben schneiden. Weintrauben abspülen und gut trocken tupfen. Gelatine nach Packungsanleitung einweichen.

2 Apfelsaft mit Honig in einem Topf zum Kochen bringen. Papayascheiben und Weintrauben hinzugeben, etwa 1 Minuten bei schwacher Hitze unter vorsichtigem Rühren dünsten. Den Topf von der Kochstelle nehmen. Gelatine leicht ausdrücken und in der Fruchtmasse unter vorsichtigem Rühren auflösen. Die Fruchtmasse abkühlen lassen und kalt stellen.

3 Für den Boden Kekse in einen Gefrierbeutel geben. Beutel verschließen. Kekse mit einer Teigrolle fein zerbröseln und in eine Rührschüssel geben. Butter zerlassen, zu den Bröseln geben und gut verrühren.

4 Einen Springformrand oder einen Tortenring (Ø 26 cm) auf eine mit Tortenspitze oder Backpapier belegte Tortenplatte stellen. Die Bröselmasse gleichmäßig darin verteilen und mit einem Löffel gut zu einem Boden andrücken. Tortenboden kalt stellen.

5 Für die Creme Gelatine nach Packungsanleitung einweichen. Joghurt mit Honig verrühren. Sahne steif schlagen. Gelatine in einem kleinen Topf bei schwacher Hitze unter Rühren erwärmen, bis sie völlig gelöst ist. Gelatine zunächst mit 2–3 Esslöffeln des Joghurts verrühren, dann mit dem restlichen Joghurt verrühren. Sahne unterheben.

6 Die Joghurt-Sahne-Creme auf den Bröselboden geben und glatt streichen. Wenn die Papaya-Weintrauben-Masse anfängt zu gelieren, sie auf die Joghurt-Sahne-Creme geben und leicht eindrücken. Die Torte etwa 3 Stunden in den Kühlschrank stellen.

7 Springformrand oder Tortenring lösen und entfernen.

TIPP: Den Tortenrand nach Belieben mit Vollkornkeksbröseln bestreuen. Statt blauer Weintrauben können auch grüne, kernlose Weintrauben verwendet werden.

Kaiserwinkel-Torte

Zubereitungszeit:
35 Minuten, ohne Abkühlzeit
Backzeit: etwa 70 Minuten

Für den Rührteig:
- 100 g weiche Butter oder Margarine
- 75 g Zucker
- 1 Pck. Dr. Oetker Vanillin-Zucker
- 1 Ei (Größe M)
- 1 Eigelb (Größe M)
- 120 g Weizenmehl
- 1 gestr. TL Dr. Oetker Backin

Für den Belag:
- 1 Dose Aprikosenhälften (Abtropfgewicht 480 g)
- 50 g Butter
- 500 g Speisequark (20 % Fett)
- 75 g Zucker
- 2 Eigelb (Größe M)
- 1 Pck. Dr. Oetker Pudding-Pulver Vanille-Geschmack
- 3 Eiweiß (Größe M)
- 1 Prise Salz
- 1 TL Zucker

PRO STÜCK:
E: 9 g, F: 15 g, Kh: 32 g,
kJ: 1260, kcal: 301, BE: 2,5

1 Den Backofen vorheizen.
Ober-/Unterhitze: etwa 180 °C, Heißluft: etwa 160 °C

2 Für den Teig Butter oder Margarine in einer Rührschüssel mit einem Mixer (Rührstäbe) geschmeidig rühren. Nach und nach Zucker und Vanillin-Zucker unterrühren. So lange rühren, bis eine gebundene Masse entstanden ist.

3 Jedes Ei/Eigelb etwa 1/2 Minute unterrühren. Mehl und Backpulver mischen und auf mittlerer Stufe unter den Teig rühren. Den Teig in eine Springform (Ø 26 cm, gefettet) geben und glatt streichen.

4 Für den Belag Aprikosenhälften auf einem Sieb abtropfen lassen. Butter zerlassen und etwas abkühlen lassen.

5 Quark mit Zucker, Eigelb, Butter und Pudding-Pulver verrühren. Eiweiß mit Salz und Zucker steif schlagen und unter die Quarkmasse heben.

6 Die Aprikosenhälften auf den Teig legen, dabei einen etwa 1 cm breiten Rand frei lassen. Die Quarkmasse auf den Aprikosenhälften verteilen und glatt streichen. Die Form auf dem Rost in den vorgeheizten Backofen schieben. Die Torte **etwa 70 Minuten backen.**

7 Die fertige Torte noch etwa 10 Minuten bei leicht geöffneter Backofentür im ausgeschalteten Backofen stehen lassen.

8 Die Form auf einen Kuchenrost stellen. Die Torte etwa 15 Minuten in der Form stehen lassen, dann aus der Form lösen und auf dem Kuchenrost erkalten lassen.

TIPP: Die Torte nach Belieben mit Puderzucker bestäuben.

Schokotorte

Zubereitungszeit:
40 Minuten, ohne Kühlzeit
Backzeit: etwa 40 Minuten

Zum Vorbereiten:
1 kleine Dose Ananasscheiben (Abtropfgewicht 140 g)
100 g Zartbitter-Schokolade (mindestens 50 % Kakaoanteil)
100 ml Olivenöl

Für den Teig:
3 Eier (Größe M)
200 g Zucker
1 Pck. Dr. Oetker Bourbon-Vanille-Zucker
1 Prise Salz
275 g Weizenmehl
25 g gesiebtes Kakaopulver
3 gestr. TL Dr. Oetker Backin
75 g saure Sahne (10 % Fett)

Für den Guss:
200 g Zartbitter-Schokolade (mindestens 50 % Kakaoanteil)
50 g Butter
125 g saure Sahne (10 % Fett)
125 g Puderzucker

PRO STÜCK:
E: 5 g, F: 18 g, Kh: 44 g,
kJ: 1492, kcal: 356, BE: 3,5

1 Zum Vorbereiten Ananasscheiben auf einem Sieb abtropfen lassen und in sehr kleine Stücke schneiden. Schokolade in Stücke brechen, mit 50 ml Olivenöl in einem kleinen Topf im heißen Wasserbad bei schwacher Hitze unter Rühren schmelzen. Den Topf aus dem Wasserbad nehmen. Restliches Olivenöl gut unterrühren.

2 Den Backofen vorheizen.
Ober-/Unterhitze: etwa 180 °C, Heißluft: etwa 160 °C

3 Für den Teig Eier mit Zucker und Vanille-Zucker in einer Rührschüssel mit einem Mixer (Rührstäbe) in etwa 2 Minuten schaumig schlagen. Geschmolzene Schokoladen-Olivenöl-Masse und Salz vorsichtig unterrühren. Mehl mit Kakao und Backpulver mischen, in 2 Portionen kurz auf mittlerer Stufe unterrühren. Saure Sahne und Ananasstücke unterheben.

4 Den Teig in eine Springform (Ø 26 cm, Boden mit Backpapier belegt) geben und glatt streichen. Die Form auf dem Rost in den vorgeheizten Backofen schieben. Die Torte **etwa 40 Minuten backen.**

5 Die Form auf einen Kuchenrost stellen. Die Torte etwa 10 Minuten in der Form abkühlen lassen, dann aus der Form lösen und mit dem Backpapier auf dem Kuchenrost erkalten lassen. Anschließend mitgebackenes Backpapier entfernen.

6 Für den Guss Schokolade in Stücke brechen, in einem Topf im heißen Wasserbad bei schwacher Hitze unter Rühren schmelzen. Den Topf von der Kochstelle nehmen. Zuerst Butter, dann saure Sahne unter die Schokolade rühren, sodass eine glatte Masse entsteht.

7 Die Schokolade evtl. in eine Rührschüssel füllen. Nach und nach Puderzucker mit einem Mixer (Rührstäbe) unterschlagen, bis eine streichfähige Masse entstanden ist.

8 Die Torte vollständig mit dem Guss überziehen. Torte etwa 30 Minuten in den Kühlschrank stellen, bis der Guss schnittfest ist.

Altbier-Torte

Zubereitungszeit: 40 Minuten
Backzeit: 35–40 Minuten je Boden

Für den Rührteig:
250 g weiche Butter
125 g brauner Zucker (Rohrzucker)
1 Pck. Dr. Oetker Bourbon-Vanille-Zucker
1 Prise Salz
abgeriebene Schale von 1 Bio-Zitrone
2 EL Zitronensaft
4 Eier (Größe M)
150 g Weizenmehl
100 g Semmelbrösel
3 gestr. TL Dr. Oetker Backin
125 ml dunkles Bier (Altbier)
100 g Zartbitter-Raspelschokolade
100 g gehackte Mandeln

Semmelbrösel für die Formen

Zum Bestreichen:
2 EL Kirschkonfitüre

Für den Guss:
125 g Puderzucker
etwa 2 EL dunkles Bier (Altbier)

Zum Garnieren:
Gebäcksticks mit Schokolade

Zum Verzieren:
2–3 EL Kirschkonfitüre

PRO STÜCK:
E: 4 g, F: 14 g, Kh: 26 g,
kJ: 1027, kcal: 245, BE: 2,0

1 Den Backofen vorheizen.
Ober-/Unterhitze: etwa 180 °C, Heißluft: etwa 160 °C

2 Für den Teig Butter in einer Rührschüssel mit einem Mixer (Rührstäbe) geschmeidig rühren. Nach und nach Zucker, Vanille-Zucker und Salz unterrühren. So lange rühren, bis eine gebundene Masse entstanden ist. Zitronenschale und -saft hinzufügen.

3 Jedes Ei etwa ½ Minute unterrühren. Mehl mit Semmelbröseln und Backpulver mischen, abwechselnd mit dem Bier in 2 Portionen auf mittlerer Stufe unterrühren. Raspelschokolade und Mandeln unterrühren.

4 Zwei Drittel des Teiges in eine Springform (Ø 20 cm, gefettet, mit Semmelbröseln ausgestreut) geben und glatt streichen. Restlichen Teig in eine Springform (Ø 18 cm, gefettet, mit Semmelbröseln ausgestreut) geben und glatt streichen. Die Formen nacheinander (bei Heißluft zusammen) auf dem Rost in den vorgeheizten Backofen schieben. Die Tortenböden **jeweils 35–40 Minuten backen.**

5 Die Böden aus den Formen lösen und auf einem mit Backpapier belegten Kuchenrost erkalten lassen.

6 Den größeren Tortenboden auf eine Tortenplatte legen. Tortenoberfläche mit Konfitüre bestreichen.

7 Für den Guss Puderzucker mit so viel Altbier verrühren, dass eine dickflüssige Masse entsteht. Gut die Hälfte des Gusses auf der Torte verteilen. Den kleineren Tortenboden darauflegen, leicht andrücken und mit dem restlichen Guss bestreichen. Den Guss auf den unteren Tortenboden fließen lassen. Die Torte mit Gebäcksticks garnieren.

8 Zum Verzieren Konfitüre durch ein Sieb streichen und in Pergamentpapiertütchen füllen. Die Altbier-Torte damit verzieren. Guss fest werden lassen.

TIPP: Die Altbier-Torte kann auch in einer Napfkuchenform (Ø 24 cm, gefettet, mit Semmelbröseln ausgestreut) oder in einer Springform mit Rohrboden (Ø 26 cm, gefettet, mit Semmelbröseln ausgestreut) gebacken werden. Dann die Konfitüre zum Bestreichen weglassen.

Fruity-Matcha-Torte

Zubereitungszeit:
35 Minuten, ohne Kühlzeit

Für den Teig:
100 g Naturreis-Waffeln (mit Meersalz)
100 g weiße Kuvertüre
75 g Butter
50 g Schlagsahne

Für den Belag:
1 Dose Ananasstücke (Abtropfgewicht 260 g)
1 Pck. ungezuckerter Tortenguss, klar
20 g Zucker
4 EL Ananassaft (aus der Dose)
5 Blatt weiße Gelatine
125 ml Milch
75 g Zucker
2 gestr. TL Matcha-Teepulver
200 ml Vanille-Trinkjoghurt
250 g Schlagsahne

Zum Bestreuen:
1/2 TL Matcha-Teepulver

PRO STÜCK:
E: 3 g, F: 17 g, Kh: 28 g,
kJ: 1194, kcal: 285, BE: 2,5

1 Für den Teig Waffeln im Mixer oder Blitzhacker fein zerbröseln. 25 g von den Bröseln abnehmen und beiseitestellen.

2 Kuvertüre in Stücke hacken, mit Butter und Sahne in einem kleinen Topf im heißen Wasserbad bei schwacher Hitze unter Rühren schmelzen. Die Kuvertüre zu den Waffelbröseln in die Rührschüssel geben und gut unterrühren.

3 Einen Tortenring (Ø 24 cm) auf eine mit Backpapier oder Tortenspitze belegte Tortenplatte stellen. Die Bröselmasse in den Tortenring geben, mit einem Löffel zu einem Boden und einem gut 1 cm hohen Rand andrücken, kalt stellen.

4 Für den Belag Ananasstücke auf einem Sieb abtropfen lassen, den Saft auffangen und etwa 4 Esslöffel abmessen. Ananasstücke pürieren und in einen Topf geben. Tortengusspulver, Zucker und 4 Esslöffel des Ananassaftes unterrühren. Aus den Zutaten einen Guss nach Packungsanleitung zubereiten. Fruchtmasse etwa 5 Minuten abkühlen lassen, auf den Bröselboden geben und glatt streichen. Etwa 30 Minuten kalt stellen.

5 Gelatine nach Packungsanleitung einweichen. Die Milch in einem kleinen Topf zum Kochen bringen. Den Topf von der Kochstelle nehmen. Zucker mit dem Teepulver mischen. Eingeweichte Gelatine leicht ausdrücken und in der Milch unter Rühren auflösen. Zucker-Teepulver-Mischung mit einem Schneebesen unter die Gelatinemilch rühren. Trinkjoghurt ebenfalls gut unterrühren, kalt stellen.

6 Sahne steif schlagen. Wenn die Milch-Joghurt-Masse anfängt zu gelieren, Sahne unterheben und auf der Ananasfruchtmasse verteilen, glatt streichen. Die Torte etwa 2 Stunden in den Kühlschrank stellen.

7 Den Tortenring lösen und entfernen. Kurz vor dem Servieren die beiseitegestellten Waffelbrösel mit etwa 1/2 Teelöffel Matcha-Teepulver mischen und einen Teil davon auf den Tortenoberflächenrand streuen. Restliche Brösel-Teepulver-Mischung dazureichen.

TIPP: Matcha-Teepulver erhalten Sie in guten Teehäusern oder in Asialäden. Die angebrochene Teedose im Kühlschrank aufbewahren.

Admirals-Torte

Zubereitungszeit:
40 Minuten, ohne Kühlzeit
Backzeit: 15–20 Minuten
je Boden

Für den Rührteig:
250 g weiche Butter
oder Margarine
175 g Zucker
4 Eigelb (Größe M)
2 TL Dr. Oetker Finesse
Geriebene Zitronenschale
300 g Weizenmehl
1 gestr. TL Dr. Oetker Backin
4 Eiweiß (Größe M)
1 Prise Salz

Zum Bestreuen:
50 g gehobelte Haselnusskerne
25 g Zucker
1 Pck. Dr. Oetker Vanillin-Zucker

Für die Füllung:
1 Glas stückiges Apfelmus
(Einwaage 365 g)
3 EL Himbeerkonfitüre

PRO STÜCK:
E: 4 g, F: 17 g, Kh: 34 g,
kJ: 1308, kcal: 313, BE: 3,0

1 Den Backofen vorheizen.
Ober-/Unterhitze: etwa 180 °C, Heißluft: etwa 160 °C

2 Für den Teig Butter oder Margarine in einer Rührschüssel mit einem Mixer (Rührstäbe) auf höchster Stufe geschmeidig rühren. Nach und nach Zucker unterrühren. So lange rühren, bis eine gebundene Masse entstanden ist.

3 Jedes Eigelb knapp 1/2 Minute unterrühren. Zitronenschale hinzufügen. Mehl mit Backpulver mischen, in 2 Portionen kurz auf mittlerer Stufe unterrühren. Eiweiß mit Salz steif schlagen und unterheben.

4 Aus dem Teig 4 Böden backen. Dafür jeweils ein Viertel des Teiges auf den Boden einer Springform (Ø 26 cm, gefettet) geben und glatt streichen.

5 Zum Bestreuen Haselnusskerne mit Zucker und Vanillin-Zucker mischen. 2 der Teigböden mit der Haselnussmischung bestreuen. Die Böden nacheinander (bei Heißluft 2 Böden zusammen) ohne Springformrand auf dem Rost in den vorgeheizten Backofen schieben. Die Böden **jeweils 15–20 Minuten backen.**

6 Die Böden etwa 2 Minuten auf dem Springformboden abkühlen lassen, dann vom Springformboden lösen und einzeln auf je einem mit Backpapier belegten Kuchenrost erkalten lassen. Einen nicht bestreuten Gebäckboden auf eine Tortenplatte legen.

7 Für die Füllung die Hälfte des Apfelmuses auf dem Boden verteilen und mit einem mit Haselnusskernen bestreuten Gebäckboden belegen. Den Boden mit Konfitüre bestreichen. Den zweiten nicht bestreuten Gebäckboden darauflegen. Restliches Apfelmus daraufgeben und glatt streichen. Mit dem vierten Gebäckboden belegen. Die Torte etwa 1 Stunde in den Kühlschrank stellen.

TIPP: Die Torte kann gut vorbereitet werden. Sie hält sich zugedeckt im Kühlschrank 2–3 Tage frisch. Statt Himbeerkonfitüre eine andere Beerenkonfitüre verwenden.

Rotweinbirnen-Käsetorte

Zubereitungszeit:
45 Minuten, ohne Durchzieh- und Abkühlzeit
Backzeit: 70–75 Minuten

Zum Vorbereiten:
- 750 g Birnen (etwa 4 nicht zu reife Birnen)
- 400 ml Rotwein
- 125 g Zucker
- 1 Stck. Zimtstange

Für den Streuselteig:
- 175 g Butter oder Margarine
- 300 g Weizenmehl
- 150 g Zucker
- 1 Pck. Dr. Oetker Vanillin-Zucker
- 1 Ei (Größe M)

Für den Belag:
- 500 g Magerquark
- 250 g Crème fraîche
- 80 g Zucker
- 1 Pck. Dr. Oetker Pudding-Pulver Vanille-Geschmack
- 2 Eigelb (Größe M)
- 2 Eiweiß (Größe M)
- 1 Prise Salz

Für den Guss:
- 50 g Puderzucker
- 1 EL Rotweinflüssigkeit (von den Birnen)

PRO STÜCK:
E: 8 g, F: 16 g, Kh: 42 g,
kJ: 1435, kcal: 344, BE: 3,5

1 Zum Vorbereiten Birnen schälen, halbieren und entkernen. Rotwein mit Zucker und Zimtstange in einen Topf geben. Birnenhälften hinzufügen, zum Kochen bringen und etwa 15 Minuten bei schwacher Hitze kochen lassen (die Kochzeit richtet sich nach der Reife der Birnen). Den Topf von der Kochstelle nehmen. Die Birnenhälften in der Rotweinflüssigkeit erkalten und mindestens 2–3 Stunden oder über Nacht durchziehen lassen. Die Birnen auf einem Sieb abtropfen lassen. Die Rotweinflüssigkeit dabei auffangen.

2 Für den Teig Butter oder Margarine zerlassen und abkühlen lassen. Mehl in eine Rührschüssel geben. Zucker, Vanillin-Zucker, Ei und Butter oder Margarine hinzufügen. Die Zutaten mit einem Mixer (Rührstäbe) zunächst kurz auf niedrigster, dann auf höchster Stufe zu Streuseln verarbeiten.

3 Den Backofen vorheizen.
Ober-/Unterhitze: etwa 180 °C, Heißluft: etwa 160 °C

4 Drei Viertel der Teigstreusel in eine Springform (Ø 26 cm, gefettet) geben, zu einem Boden und etwa 3 cm hohen Rand andrücken.

5 Für den Belag Quark mit Crème fraîche, Zucker, Pudding-Pulver und Eigelb in einer Rührschüssel verrühren. Eiweiß mit Salz steif schlagen und unter die Quarkmasse heben. Ein Viertel der Quarkmasse auf den Streuselboden geben und glatt streichen. Die Birnenhälften darauf verteilen. Restliche Quarkmasse darauf verstreichen.

6 Restliche Teigstreusel auf die Quarkmasse streuen. Die Form auf dem Rost in den vorgeheizten Backofen schieben. Die Torte **70–75 Minuten backen.**

7 Die Form auf einen Kuchenrost stellen. Die Torte etwa 15 Minuten in der Form abkühlen lassen, dann vom Springformrand und -boden lösen. Springformrand entfernen. Die Torte auf dem Springformboden erkalten lassen.

8 Für den Guss Puderzucker mit so viel Rotweinflüssigkeit verrühren, dass eine dickflüssige Masse entsteht. Den Guss in einen Gefrierbeutel geben und eine kleine Ecke abschneiden. Die Tortenoberfläche damit verzieren. Guss fest werden lassen.

Apfel-Rosmarin-Torte

Zubereitungszeit:
40 Minuten, ohne Durchzieh- und Abkühlzeit
Backzeit: 40–50 Minuten

Zum Vorbereiten:
400 g Äpfel, z. B. Elstar
25 g brauner Zucker (Rohrzucker)
1 1/2 EL frische Rosmarinnadeln

Für den Rührteig:
150 g Zartbitter-Schokolade (mindestens 50 % Kakaoanteil)
50 ml Speiseöl
150 g weiche Butter oder Margarine
120 g Zucker
1 Pck. Dr. Oetker Bourbon-Vanille-Zucker
1 Prise Salz
3 Eier (Größe M)
200 g Weizenmehl
2 gestr. TL Dr. Oetker Backin
50 g Semmelbrösel

Für den Guss:
100 g Zartbitter-Schokolade (mindestens 50 % Kakaoanteil)
1/2–1 TL Speiseöl

Zum Verzieren:
25 g weiße Schokolade

PRO STÜCK:
E: 4 g, F: 18 g, Kh: 30 g,
kJ: 1262, kcal: 302, BE: 2,5

1 Zum Vorbereiten Äpfel schälen, vierteln, entkernen und in kleine Stücke schneiden. Apfelstücke mit Zucker in einen Topf geben und etwa 30 Minuten stehen lassen. Rosmarin abspülen und trocken tupfen. Die Nadeln von den Stängeln streifen. Rosmarinnadeln fein hacken.

2 Die Apfelstücke etwa 5 Minuten bei schwacher Hitze dünsten, dabei zwischendurch umrühren. Rosmarin unterrühren. Die Apfelmasse etwa 2 Stunden durchziehen lassen.

3 Für den Teig Schokolade in Stücke brechen, mit dem Speiseöl in einem kleinen Topf im heißen Wasserbad bei schwacher Hitze unter Rühren schmelzen und etwas abkühlen lassen.

4 Den Backofen vorheizen.
Ober-/Unterhitze: etwa 180 °C, Heißluft: etwa 160 °C

5 Butter oder Margarine in einer Rührschüssel mit einem Mixer (Rührstäbe) geschmeidig rühren. Nach und nach Zucker, Vanille-Zucker und Salz unterrühren. So lange rühren, bis eine gebundene Masse entstanden ist.

6 Jedes Ei etwa 1/2 Minute unterrühren. Mehl mit Backpulver und Semmelbröseln mischen, in 2 Portionen auf mittlerer Stufe unterrühren. Schokolade unterrühren. Apfelmasse unterheben. Den Teig in eine Springform (Ø 26 cm, gefettet) geben und glatt streichen. Die Form auf dem Rost in den vorgeheizten Backofen schieben. Die Torte **40–50 Minuten backen.**

7 Die Torte aus der Form lösen und auf einem mit Backpapier belegten Kuchenrost erkalten lassen.

8 Für den Guss Schokolade mit Speiseöl wie unter Punkt 3 beschrieben schmelzen. Die Schokolade auf die Tortenoberfläche geben und verstreichen. Schokolade fest werden lassen.

9 Zum Verzieren Schokolade wie unter Punkt 3 beschrieben schmelzen, in ein Pergamentpapiertütchen füllen und eine kleine Ecke abschneiden. Den Tortenoberflächenrand damit verzieren. Schokolade fest werden lassen.

TIPP: Die Tortenmitte nach Belieben mit Rosmarinnadeln garnieren und mit Puderzucker bestäuben.

Süßkartoffel-Bienenstich

Zubereitungszeit:
40 Minuten, ohne Kühlzeit
Backzeit: etwa 35 Minuten

Für den Belag:
- 50 g Butter
- 50 g brauner Zucker
- 75 g Schlagsahne
- 50 g gehobelte Mandeln
- 50 g gehobelte Haselnusskerne

Zum Vorbereiten für den Teig:
- 1 mittelgroße Süßkartoffel (etwa 250 g)
- 30 g Butter
- 50 g brauner Zucker
- 75 ml Orangensaft
- 1/2 Pck. Dr. Oetker Finesse Orangenschalen-Aroma

Für den Rührteig:
- 125 g weiche Butter
- 100 g brauner Zucker
- 1 Pck. Dr. Oetker Vanillin-Zucker
- 2 Eier (Größe M)
- 200 g Weizenmehl
- 2 gestr. TL Dr. Oetker Backin

Für die Füllung:
- 200 g Schmand (Sauerrahm, 24 % Fett)
- 125 g Schlagsahne
- 30 g gesiebter Puderzucker
- 1 Pck. Dr. Oetker Vanillin-Zucker
- 1 Pck. Sahnesteif

PRO STÜCK:
E: 4 g, F: 22 g, Kh: 29 g,
kJ: 1399, kcal: 334, BE: 2,5

1 Für den Belag Butter, Zucker und Sahne in einem Topf bei mittlerer Hitze zerlassen. Mandeln und Haselnusskerne hinzugeben. So lange rühren, bis eine gebundene Masse entstanden ist. Nussmasse erkalten lassen (nicht in den Kühlschrank stellen).

2 Zum Vorbereiten für den Teig Süßkartoffel waschen, schälen, abspülen, abtrocknen und grob raspeln. Butter mit Zucker in einem Topf schmelzen. Kartoffelraspel hinzugeben, mit dem Orangensaft etwa 5 Minuten unter Rühren dünsten. Orangenschale unterrühren. Die Masse erkalten lassen.

3 Den Backofen vorheizen.
Ober-/Unterhitze: etwa 180 °C, Heißluft: etwa 160 °C

4 Für den Teig Butter in einer Rührschüssel mit einem Mixer (Rührstäbe) geschmeidig rühren. Nach und nach braunen Zucker und Vanillin-Zucker unterrühren. So lange rühren, bis eine gebundene Masse entstanden ist.

5 Jedes Ei etwa 1/2 Minute unterrühren. Mehl mit Backpulver mischen, in 2 Portionen auf mittlerer Stufe unterrühren. Süßkartoffelmasse unterheben. Den Teig in eine Springform (Ø 26 cm, mit Backpapier belegt) geben und glatt streichen. Die erkaltete Nussmasse vorsichtig darauf verteilen. Die Form auf dem Rost in den vorgeheizten Backofen schieben. Den Tortenboden **etwa 35 Minuten backen.** Evtl. etwa 5 Minuten vor Ende der Backzeit den Tortenboden mit Backpapier belegen.

6 Den Tortenboden aus der Form lösen und auf einem Kuchenrost erkalten lassen. Mitgebackenes Backpapier entfernen.

7 Für die Füllung Schmand und Sahne in eine Rührschüssel geben, vorsichtig mit einem Mixer (Rührstäbe) verrühren. Puderzucker mit Vanillin-Zucker und Sahnesteif mischen, zu der Schmand-Sahne-Masse geben und steif schlagen.

8 Den Tortenboden einmal waagerecht durchschneiden. Den unteren Boden auf eine Tortenplatte legen. Den oberen Boden in 16 Tortenstücke teilen. Die Schmand-Sahne daraufgeben und glatt streichen. Mit den Tortenstücken belegen. Die Torte etwa 1 Stunde in den Kühlschrank stellen.

TIPP: Wenn es schnell gehen soll, die Süßkartoffel-Torte nicht füllen, nur geschlagene Sahne dazureichen.

New York Cheesecake

Zubereitungszeit:
40 Minuten, ohne Kühlzeit
Backzeit: etwa 55 Minuten

Für den Boden:
130 g Butterkekse
80 g Butter

Für die Cheesecakefüllung:
800 g Doppelrahm-Frischkäse
150 g Zucker
1 Pck. Dr. Oetker Finesse Geriebene Zitronenschale
4 Eier (Größe M)
150 g Schlagsahne
2 gestr. EL Gala Pudding-Pulver Bourbon-Vanille

Für den Guss:
250 g Schmand (Sauerrahm, 24 %)
30 g Puderzucker

PRO STÜCK:
E: 9 g, F: 30 g, Kh: 20 g,
kJ: 1599, kcal: 382, BE: 1,5

1 Für den Boden Butterkekse in einen Gefrierbeutel geben. Den Beutel fest verschließen. Kekse mit einer Teigrolle fein zerbröseln. Butter in einem Topf zerlassen. Die Keksbrösel hinzufügen und gut verrühren. Die Masse in eine Springform (Ø 24 cm, Rand gefettet, mit Backpapier ausgelegt) geben. Die Keksbrösel mit der Rückseite eines Esslöffels 1–2 cm hoch an den Springformrand drücken und anschließend den Boden fest andrücken. Die Form mindestens 10 Minuten in den Kühlschrank stellen.

2 Für die Füllung Frischkäse, Zucker und Zitronenschale in einer Rührschüssel mit einem Mixer (Rührstäbe) auf mittlerer Stufe glatt rühren. Eier nach und nach kurz unterrühren.

3 Den Backofen vorheizen.
Ober-/Unterhitze: etwa 180 °C, Heißluft: etwa 160 °C

4 Sahne mit Pudding-Pulver steif schlagen und mit einem Schneebesen unter die Frischkäsemasse heben. Die Creme auf den Bröselboden geben und glatt streichen. Die Form auf dem Rost in den vorgeheizten Backofen (unteres Drittel) schieben. Den Cheesecake **etwa 45 Minuten backen.**

5 Die Form auf einen Kuchenrost stellen. Den Cheesecake etwa 10 Minuten abkühlen lassen.

6 Für den Guss Schmand mit Puderzucker glatt rühren. Die Schmandmasse mit einem Esslöffel vorsichtig auf dem warmen Cheesecake verstreichen. Die Form wieder auf dem Rost in den heißen Backofen (unteres Drittel) schieben. Cheesecake **bei gleicher Backofentemperatur weitere etwa 10 Minuten backen.**

7 Die Form auf einen Kuchenrost stellen. Den Cheesecake in der Form vollständig erkalten lassen. Cheesecake aus der Form lösen, auf eine Platte setzen und mindestens 4 Stunden in den Kühlschrank stellen.

TIPP: Die Springform sollte mindestens 7 cm hoch sein. Ist sie es nicht, kann man einen Streifen aus Backpapier etwa 8 cm hoch doppelt falten und in der Springform mit etwas Fett an den Springformrand kleben.

Birnenmüsli-Torte

Zubereitungszeit:
40 Minuten, ohne Kühlzeit

Für den Teig:
120 g Zucker
30 g Butter
100 g Sonnenblumenkerne
100 g kernige Haferflocken

100 g Zartbitter-Schokolade
1 EL Speiseöl

Für den Belag:
1 große Dose Birnenhälften (Abtropfgewicht 460 g)
2 Blatt weiße Gelatine
1 Pck. Dr. Oetker Pudding-Pulver Vanille-Geschmack
300 ml Birnensaft (aus der Dose)
1 TL Zucker
1 EL Zitronensaft

400 g Schlagsahne
2 Pck. Sahnesteif
1 Pck. Dr. Oetker Vanillin-Zucker

PRO STÜCK:
E: 5 g, F: 21 g, Kh: 36 g,
kJ: 1483, kcal: 354, BE: 3,05

1 Einen Springformrand oder Tortenring (Ø 26 cm) auf eine mit Tortenspitze oder Backpapier belegte Platte stellen.

2 Für den Teig Zucker und Butter in einer Pfanne schmelzen und leicht bräunen lassen. Sonnenblumenkerne und Haferflocken hinzugeben und unter Rühren mitbräunen lassen.

3 Drei Viertel der Müslimasse sofort in den Tortenring oder Springformrand geben und mit einer Gabel zu einem Boden andrücken. Die restliche Müslimasse auf ein Stück Backpapier geben. Müsliboden und -masse erkalten lassen.

4 Schokolade in Stücke brechen, mit Speiseöl in einem kleinen Topf im heißen Wasserbad bei schwacher Hitze unter Rühren schmelzen. Die Schokolade bis auf 2 Esslöffel mit einem Backpinsel auf den Müsliboden streichen. Schokolade fest werden lassen.

5 Für den Belag Birnenhälften auf einem Sieb abtropfen lassen, den Saft auffangen und 300 ml abmessen. 2 Birnenhälften zum Garnieren beiseitelegen. Restliche Birnenhälften in kleine Würfel schneiden.

6 Gelatine nach Packungsanleitung einweichen. Aus Pudding-Pulver, Birnensaft und Zucker einen Pudding nach Packungsanleitung (aber den angegebenen Zutaten) zubereiten. Eingeweichte Gelatine in dem heißen Pudding unter Rühren auflösen. Birnenwürfel und Zitronensaft unterheben. Den Birnenpudding unter gelegentlichem Rühren erkalten lassen, auf den Müsliboden geben und glatt streichen.

7 Sahne mit Sahnesteif und Vanillin-Zucker steif schlagen. Die Sahne auf den Birnenpudding geben und leicht kuppelartig daraufstreichen. Die Torte etwa 1 Stunde in den Kühlschrank stellen. Tortenring oder Springformrand lösen und entfernen.

8 Die beiseitegelegten Birnenhälften in Spalten schneiden. Die Tortenoberfläche kurz vor dem Servieren mit Birnenspalten und dem restlichen Müsli garnieren. Die restliche aufgelöste Schokolade evtl. nochmals erwärmen und auf die Torte sprenkeln.

TIPP: Die Torte sofort servieren, sonst löst sich das karamellisierte Müsli. Die Sonnenblumenkerne etwas klein hacken.

Smoothietorte

Zubereitungszeit:
40 Minuten, ohne Kühlzeit
Backzeit: etwa 20 Minuten

Für den All-in-Teig:
100 g Weizenmehl
2 gestr. TL Dr. Oetker Backin
1 Pck. Dr. Oetker Pudding-Pulver Vanille-Geschmack
100 g Zucker
3 Eier (Größe M)
75 ml Speiseöl, z. B. Sonnenblumenöl

Für den Belag (1. Schicht):
4 Blatt weiße Gelatine
250 ml Brombeer-Erdbeer-Boysenbeere-Smoothie (Fruchtgetränk) oder z. B. Beerenmix (Himbeere, Heidelbeer, Brombeere, Johannisbeere)
75 g Zucker
200 g Schmand (Sauerrahm, 24 % Fett)
etwa 1/2 reife Mango (Fruchtfleisch etwa 100 g)

2. Schicht:
4 Blatt weiße Gelatine
250 ml Mango-Maracuja-Smoothie (Fruchtgetränk)
60 g Zucker
200 g Schmand (24 % Fett, Sauerrahm)

PRO STÜCK:
E: 5 g, F: 16 g, Kh: 37 g,
kJ: 1311, kcal: 313, BE: 3,0

1 Den Backofen vorheizen.
Ober-/Unterhitze: etwa 180 °C, Heißluft: etwa 160 °C

2 Für den Teig Mehl mit Backpulver und Pudding-Pulver in einer Rührschüssel mischen. Restliche Zutaten hinzufügen, mit einem Mixer (Rührstäbe) zunächst kurz auf niedrigster, dann auf höchster Stufe in etwa 2 Minuten zu einem glatten Teig verarbeiten. Den Teig in eine Springform (Ø 26 cm, gefettet) geben und glatt streichen. Die Form auf dem Rost in den vorgeheizten Backofen schieben. Den Tortenboden **etwa 20 Minuten backen.**

3 Den Tortenboden aus der Form lösen und auf einen mit Backpapier belegten Kuchenrost legen. Tortenboden erkalten lassen. Anschließend von dem Boden eine dünne Kuppe abschneiden. Gebäckkuppe fein zerbröseln und beiseitestellen. Den Tortenboden auf eine Tortenplatte legen. Einen Tortenring darumstellen.

4 Für den Belag (1. Schicht) Gelatine nach Packungsanleitung einweichen. Gelatine leicht ausdrücken und in einem kleinen Topf bei schwacher Hitze unter Rühren auflösen. Beeren-Smoothie mit Zucker und Schmand verrühren. Gelatine zuerst mit 2–3 Esslöffeln der Smoothie-Schmand-Masse verrühren, dann unter die restliche Smoothie-Schmand-Masse rühren. Kalt stellen.

5 Wenn die Smoothie-Schmand-Masse anfängt zu gelieren, auf den Tortenboden geben und glatt streichen. Die Torte in den Kühlschrank stellen. Mangohälfte schälen und in kleine Würfel schneiden.

6 Für die 2. Schicht Gelatine wie unter Punkt 4 beschrieben einweichen und auflösen. Maracuja-Fruchtgetränk mit Zucker und gut der Hälfte des Schmands verrühren. Gelatine wie zuvor beschrieben unterrühren und kalt stellen. Wenn die Masse anfängt zu gelieren, auf die Beerenmasse geben. Die Mangowürfel sofort in kleinen Häufchen auf der Tortenoberfläche verteilen, dabei leicht in die Masse drücken.

7 Restlichen Schmand in einen kleinen Gefrierbeutel füllen und eine kleine Ecke abschneiden. Kleine Tuffs in die Maracujamasse spritzen. Die Torte etwa 3 Stunden in den Kühlschrank stellen.

8 Die beiseitegelegten Gebäckbrösel in einer Pfanne ohne Fett unter Rühren leicht bräunen, herausnehmen und auf einem Teller erkalten lassen.

9 Den Tortenring lösen und entfernen. Die Gebäckbrösel auf den oberen Gebäckrand streuen. Die Torte sofort servieren.

Ministertorte

Zubereitungszeit:
40 Minuten, ohne Abkühlzeit
Backzeit: 15–20 Minuten
je Boden

Für den Teig I:
150 g weiche Butter
100 g Zucker
1 Pck. Dr. Oetker Vanillin-Zucker
abgeriebene Schale von ½ Bio-Orange
1 Ei (Größe M)
3 Eigelb (Größe M)
125 g Weizenmehl
2 gestr. TL Dr. Oetker Backin
3 Eiweiß (Größe M)
1 Prise Salz
100 g abgezogene, gemahlene Mandeln

Für den Teig II:
100 g geriebene Zartbitter-Schokolade (mindestens 50 % Kakaoanteil)
½ TL gemahlener Zimt

Für die Füllung:
2–3 Orangen
100 g Quittengelee
1 Pck. ungezuckerter Tortenguss, klar
25 g Zucker
100 ml Orangensaft

Für den Guss:
50 g weiße Schokolade
100 g Zartbitter-Schokolade (50 % Kakaoanteil)
½ TL Speiseöl
1 TL Speiseöl

PRO STÜCK:
E: 5 g, F: 19 g, Kh: 28 g,
kJ: 1263, kcal: 302, BE: 2,5

1 Den Backofen vorheizen.
Ober-/Unterhitze: etwa 180 °C, Heißluft: etwa 160 °C

2 Für den Teig I Butter in einer Rührschüssel mit einem Mixer (Rührstäbe) geschmeidig rühren. Nach und nach Zucker, Vanillin-Zucker und Orangenschale unterrühren. So lange rühren, bis eine gebundene Masse entstanden ist. Ei, Eigelb jeweils knapp ½ Minute unterrühren. Mehl und Backpulver mischen, in 2 Portionen auf mittlerer Stufe unterrühren. Eiweiß mit Salz steif schlagen. Eischnee mit den Mandeln unterheben.

3 Die Hälfte des Teiges in eine Springform (Ø 26 cm, gefettet) geben und glatt streichen. Die Form auf dem Rost in den vorgeheizten Backofen schieben. Den Boden **15–20 Minuten backen.** Den Gebäckboden aus der Form lösen und auf einem mit Backpapier belegten Kuchenrost erkalten lassen.

4 Für den Teig II Schokolade und Zimt unter den restlichen Teig rühren. Den Teig in eine Springform (Ø 26 cm, gefettet) geben und glatt streichen. Die Form ebenfalls auf dem Rost in den vorgeheizten Backofen schieben. Den Gebäckboden **bei gleicher Backofentemperatur 15–20 Minuten backen.** Den Schokoladenboden aus der Form lösen und auf einem mit Backpapier belegten Kuchenrost erkalten lassen.

5 Für die Füllung Orangen so schälen, dass die weiße Haut mitentfernt wird. Orangen filetieren, in Stücke schneiden (etwa 250 g), mit dem Quittengelee in einem kleinen Topf unter Rühren zum Kochen bringen (Gelee muss aufgelöst sein). Tortengusspulver mit Zucker und Orangensaft anrühren. Angerührtes Tortengusspulver in die von der Kochstelle genommene Orangen-Quitten-Masse rühren und unter Rühren nochmals aufkochen lassen.

6 Den hellen Gebäckboden auf eine Tortenplatte legen. Einen Tortenring darumstellen. Die heiße Orangen-Quitten-Masse nach und nach darauf verteilen. Den Schokoladenboden darauflegen und etwas andrücken. Die Torte etwa 1 Stunde in den Kühlschrank stellen. Tortenring lösen und entfernen.

7 Für den Guss beide Schokoladen getrennt in Stücke brechen, jeweils mit Speiseöl in einem kleinen Topf im heißen Wasserbad bei schwacher Hitze unter Rühren schmelzen.

8 Zuerst die dunkle Schokolade, dann die weiße Schokolade auf die Torte geben und mit einem Spachtel oder Tortenheber so verstreichen, dass ein Marmormuster entsteht. Den Schokoladenguss fest werden lassen.

Sanddorn-Frucht-Torte

Zubereitungszeit:
45 Minuten, ohne Kühlzeit
Backzeit: 20–25 Minuten

Für den Biskuitteig:
2 Eier (Größe M)
125 g Zucker
1 Pck. Dr. Oetker Vanillin-Zucker
200 g Weizenmehl
2 gestr. TL Dr. Oetker Backin
75 ml Speiseöl
75 ml Mineralwasser mit Kohlensäure

Für die Füllung:
8 Blatt weiße Gelatine
500 ml Kefir
100 g Zucker
125 ml Sanddornsaft (pur, 100 % Direktsaft mit Fruchtmark)
Schale und Saft von ½ Bio-Zitrone
400 g Schlagsahne

Zum Bestreichen:
2 EL Aprikosenkonfitüre

Für den Guss und Belag:
2 Blatt weiße Gelatine
50 g Zucker
1 EL Zitronensaft (von der restlichen ½ Zitrone)
125 ml Sanddornsaft (pur, 100 % Direktsaft mit Fruchtmark)
1 Banane
2 Orangen

PRO STÜCK:
E: 5 g, F: 15 g, Kh: 35 g,
kJ: 1251, kcal: 299, BE: 3,0

1 Den Backofen vorheizen.
Ober-/Unterhitze: etwa 180 °C, Heißluft: etwa 160 °C

2 Für den Teig Eier in einer Rührschüssel mit einem Mixer (Rührstäbe) auf höchster Stufe in 1 Minute schaumig schlagen. Zucker mit Vanillin-Zucker mischen, in 1 Minute unter Rühren einstreuen, dann noch etwa 2 Minuten schlagen. Mehl mit Backpulver mischen, kurz auf niedrigster Stufe unterrühren. Nacheinander Speiseöl und Mineralwasser kurz unterrühren. Den Teig in eine Springform (Ø 28 cm, gefettet) geben und glatt streichen. Die Form auf dem Rost in den vorgeheizten Backofen (unteres Drittel) schieben. Den Biskuitboden **20–25 Minuten backen.**

3 Den Biskuitboden aus der Form lösen und auf einem mit Backpapier belegten Kuchenrost erkalten lassen.

4 Für die Füllung Gelatine nach Packungsanleitung einweichen. Kefir mit Zucker, Sanddornsaft, Zitronenschale und -saft verrühren. Eingeweichte Gelatine leicht ausdrücken, in einem kleinen Topf unter Rühren erwärmen, bis sie völlig gelöst ist. Gelatine zuerst mit 3–4 Esslöffeln der Kefirmasse verrühren, dann unter die restliche Kefirmasse rühren. Sahne steif schlagen. Wenn die Kefirmasse anfängt dicklich zu werden, Sahne unterheben.

5 Den Biskuitboden einmal waagrecht durchschneiden. Den unteren Biskuitboden auf eine Tortenplatte legen und mit Konfitüre bestreichen. Einen Tortenring darumstellen. Etwa zwei Drittel der Kefir-Sanddorn-Creme auf den Biskuitboden geben und glatt streichen. Den oberen Biskuitboden darauflegen. Restliche Kefir-Sanddorn-Creme darauf verteilen und glatt streichen. Die Torte etwa 2 Stunden in den Kühlschrank stellen.

6 Für den Guss Gelatine nach Packungsanleitung einweichen. Zucker und Zitronensaft in einem kleinen Topf erwärmen, sodass der Zucker vollständig gelöst ist. Sanddornsaft hinzugeben und miterwärmen. Eingeweichte Gelatine leicht ausdrücken, zu der Saftflüssigkeit geben und unter Rühren vollständig auflösen, etwas abkühlen lassen. Der Guss muss flüssig bleiben.

7 Für den Belag Banane schälen und in dünne Scheiben schneiden. Orangen so schälen, dass die weiße Haut vollständig entfernt wird. Orangen filetieren. Bananenscheiben und Orangenfilets auf die Tortenoberfläche legen. Den Guss nach und nach darauf verteilen. Die Torte evtl. zwischendurch kurz kalt stellen. Wenn der Guss aufgebraucht ist, die Torte nochmals etwa 1 Stunde in den Kühlschrank stellen. Den Tortenring lösen und entfernen.

Café-frappé-Torte

Zubereitungszeit:
35 Minuten, ohne Kühlzeit

Für den Tortenboden:
3 Pck. (je 75 g) längliche Eiswaffeln
125 g Butter

Für den Belag:
8 Blatt weiße Gelatine
140 g Zucker
6 Pck. (je 2 g) lösliches Kaffeepulver
400 ml kochendes Wasser
400 g Schlagsahne
1 Pck. Dr. Oetker Sahnesteif
1 TL Zucker

Zum Verzieren:
125 g Schlagsahne
1 Pck. Dr. Oetker Sahnesteif

Zum Bestreuen und Bestäuben:
2 EL schokolierte Espressobohnen, grob gehackt
etwas Kaffeepulver

PRO STÜCK:
E: 3 g, F: 26 g, Kh: 29 g,
kJ: 1530, kcal: 366, BE: 2,5

1 Für den Boden Eiswaffeln (5 Waffeln zum Garnieren beiseitelegen) in einem Blitzhacker zerbröseln und in eine Rührschüssel geben. Butter zerlassen, zu den Waffelbröseln geben und gut verrühren.

2 Einen Tortenring (Ø 23 cm) auf eine mit Backpapier oder Tortenspitze belegte Tortenplatte stellen. Die Bröselmasse hineingeben und mit einem Löffel gleichmäßig zu einem Boden andrücken. Tortenboden in den Kühlschrank stellen.

3 Für den Belag Gelatine nach Packungsanleitung einweichen. Zucker und Kaffeepulver in eine Rührschüssel geben. Kochendes Wasser hinzugießen und so lange rühren, bis Zucker und Kaffeepulver sich gelöst haben. Gelatine leicht ausdrücken und in der Kaffeeflüssigkeit unter Rühren auflösen, abkühlen lassen und in den Kühlschrank stellen.

4 Sahne mit Sahnesteif und Zucker steif schlagen. Wenn die Kaffeeflüssigkeit anfängt zu gelieren, ein Drittel der Sahne unterheben. Gut ein Drittel der Kaffeesahne auf den Waffelboden geben und glatt streichen. Restliche Sahne unter die restliche Kaffeesahne heben, ebenfalls vorsichtig in die Form auf die dunklere Kaffeesahne geben und leicht kuppelartig verstreichen. Die Torte etwa 2 Stunden in den Kühlschrank stellen.

5 Den Tortenring lösen und entfernen. Zum Verzieren Sahne mit Sahnesteif steif schlagen. Die Tortenoberfläche damit verzieren. Beiseitegelegte Eiswaffeln halbieren und dekorativ auf die Torte legen. Mit den gehackten Espressobohnen bestreuen und mit Kaffeepulver bestäuben.

TIPP: Statt lösliches Kaffeepulver 400 ml Espresso-Kaffee verwenden. Unter den Kaffee 2 Esslöffel Kaffee- oder Sahnelikör rühren.

Bananen-Schoko-Torte

Zubereitungszeit:
40 Minuten, ohne Kühlzeit
Backzeit: etwa 25 Minuten

Für den Biskuitteig:
3 Eier (Größe M)
100 g Zucker
1 Pck. Dr. Oetker Vanillin-Zucker
80 g Weizenmehl
1 gestr. TL Dr. Oetker Backin
1 Pck. Gala Schokoladen-Pudding-Pulver

Für die Füllung und den Belag:
200 g Edelbitter-Schokolade (55 % Kakaoanteil)
100 g Schlagsahne
10 g Butter
2 große Bananen
1 EL Zitronensaft
3 Blatt weiße Gelatine
400 g Schlagsahne
1 Pck. Dr. Oetker Vanillin-Zucker

etwas Kakaopulver

PRO STÜCK:
E: 4 g, F: 16 g, Kh: 22 g,
kJ: 1051, kcal: 251, BE: 2,0

1 Den Backofen vorheizen.
Ober-/Unterhitze: etwa 180 °C, Heißluft: etwa 160 °C

2 Für den Teig Eier in einer Rührschüssel mit einem Mixer (Rührstäbe) auf höchster Stufe in 1 Minute schaumig schlagen. Zucker mit Vanillin-Zucker mischen, in 1 Minute unter Rühren einstreuen, dann noch etwa 2 Minuten schlagen.

3 Mehl mit Backpulver und Pudding-Pulver mischen, kurz auf niedrigster Stufe unterrühren. Den Teig in eine Springform (Ø 26 cm, mit Backpapier belegt) geben und glatt streichen. Die Form auf dem Rost in den vorgeheizten Backofen (unteres Drittel) schieben. Den Biskuitboden **etwa 25 Minuten backen.**

4 Den Biskuitboden aus der Form lösen und auf einen mit Backpapier belegten Kuchenrost stürzen. Den Biskuitboden erkalten lassen. Mitgebackenes Backpapier abziehen.

5 Für die Füllung und den Belag Schokolade in Stücke brechen, mit Sahne und Butter in einem kleinen Topf im heißen Wasserbad bei schwacher Hitze unter Rühren schmelzen. Den Topf aus dem Wasserbad nehmen.

6 Den Biskuitboden einmal waagerecht durchschneiden. Den unteren Biskuitboden auf eine Tortenplatte legen. Ein Drittel der Schokoladenmasse daraufstreichen. Bananen schälen und in etwa 2 cm dicke Scheiben schneiden. Bananenscheiben mit Zitronensaft bestreichen und auf den Tortenboden legen. Die Hälfte der restlichen Schokoladenmasse darauf verteilen. Tortenboden etwa 15 Minuten kalt stellen.

7 Gelatine nach Packungsanleitung einweichen. Sahne mit Vanillin-Zucker steif schlagen. Eingeweichte Gelatine ausdrücken, in einem kleinen Topf unter Rühren erwärmen, bis sie völlig gelöst ist, leicht abkühlen lassen. Gelatine zuerst mit 2–3 Esslöffeln der Sahne verrühren, dann unter die restliche Sahne rühren. Gut die Hälfte der Sahne auf den Tortenboden geben und glatt streichen. Den oberen Tortenboden darauflegen und leicht andrücken.

8 Restliche Sahne auf die Tortenoberfläche geben und wellenartig verstreichen. Restliche Schokoladenmasse evtl. nochmals kurz erwärmen und mithilfe eines Teelöffels kleine Häufchen auf die Sahne geben. Die Schokoladenmasse mit dem Löffelstiel so durch die Sahne ziehen, dass ein Marmormuster entsteht. Die Torte etwa 2 Stunden in den Kühlschrank stellen. Die Torte vor dem Servieren mit Kakao bestäuben.

Lava-Torte

Zubereitungszeit:
40 Minuten, ohne Kühlzeit
Backzeit: etwa 40 Minuten

Für den Boden:
75 g Butterkekse

Für den Teig:
4 Eiweiß (Größe M)
1 Prise Salz
200 g feinster Zucker
1 TL abgeriebene Schale von 1 Bio-Zitrone
100 g Kokosraspel
75 g Schokoladenplättchen, zum Backen

Für den Belag:
250 g Himbeeren
400 g Schlagsahne
2 Pck. Sahnesteif
1 Pck. Dr. Oetker Vanillin-Zucker
1 EL Zitronensaft

Zum Bestreuen:
25 g Schokoladenplättchen, zum Backen

evtl. etwas Puderzucker

PRO STÜCK:
E: 3 g, F: 14 g, Kh: 22 g,
kJ: 971, kcal: 232, BE: 2,0

1 Für den Boden Butterkekse auf dem Boden einer Springform (Ø 26 cm, mit Backpapier belegt) verteilen.

2 Den Backofen vorheizen.
Ober-/Unterhitze: etwa 180 °C, Heißluft: etwa 160 °C

3 Für den Teig Eiweiß und Salz mit einem Mixer (Rührstäbe) sehr steif schlagen. Zucker nach und nach kurz unterschlagen. Zitronenschale, Kokosraspel und Schokoladenplättchen unter den Eischnee heben. Die Eischneemasse auf den Butterkeksen in der Form verteilen und unregelmäßig verstreichen.

4 Die Form auf dem Rost in den vorgeheizten Backofen schieben. Den Baiserboden **etwa 40 Minuten backen.**

5 Den Baiserboden vom Springformrand lösen und entfernen. Den Baiserboden mit dem Backpapier vom Springformboden auf einen Kuchenrost ziehen und erkalten lassen.

6 Für den Belag Himbeeren abspülen, abtropfen lassen, entstielen und auf Küchenpapier legen. Himbeeren gut trocken tupfen.

7 Den Baiserboden vom Backpapier lösen und auf eine Tortenplatte legen. Knapp die Hälfte der Himbeeren in den Vertiefungen des Baiserbodens verteilen. Sahne mit Sahnesteif und Vanillin-Zucker steif schlagen. Zitronensaft unterheben. Die Zitronensahne auf die Himbeeren geben und unregelmäßig verstreichen. Die restlichen Himbeeren auf der Zitronensahne verteilen.

8 Zum Bestreuen Schokoladenplättchen grob hacken und auf die Tortenoberfläche streuen. Die Torte etwa 30 Minuten in den Kühlschrank stellen. Die Torte nach Belieben vor dem Servieren mit Puderzucker bestäuben.

TIPP: Eine Weinschaumsauce dazureichen. Dazu 4 Eigelb (Größe M), 25 g Zucker und 1 Teelöffel Speisestärke in einem Topf verrühren. 150 ml Weißwein unterrühren. Die Zutaten unter Rühren mit einem Schneebesen bei mittlerer Hitze aufschlagen, bis sich eine Kochblase gebildet hat. Die Weinschaumsauce erkalten lassen und zu der Lava-Torte reichen. Für Kinder statt Weißwein Apfelsaft verwenden. Die Torte recht bald verzehren.

Grüne Apfeltorte

Zubereitungszeit:
40 Minuten, ohne Kühlzeit
Backzeit: etwa 20 Minuten

Für den Rührteig:
100 g weiche Butter
oder Margarine
75 g Zucker
2 Eier (Größe M)
125 g Weizenmehl
1 gestr. TL Dr. Oetker Backin

Für die Füllung:
250 ml Milch
250 g Schlagsahne
1 Pck. Grand Dessert Pudding
Bourbon Vanille (Creme
Pudding aus Raspeln)

Für den Belag:
5 Äpfel (etwa 750 g,
Granny Smith)
175 g Apfelgelee
1 EL Wasser

2 EL Zitronensaft
150 ml Apfelsaft
(von den Äpfeln)
1/2 TL Zitronensäure
5 Blatt weiße Gelatine

PRO STÜCK:
E: 4 g, F: 17 g, Kh: 35 g,
kJ: 1310, kcal: 313, BE: 3,0

1 Den Backofen vorheizen.
Ober-/Unterhitze: etwa 180 °C, Heißluft: etwa 160 °C

2 Für den Teig Butter oder Margarine in einer Rührschüssel mit einem Mixer (Rührstäbe) geschmeidig rühren. Nach und nach Zucker unterrühren. So lange rühren, bis eine gebundene Masse entstanden ist. Jedes Ei etwa 1/2 Minute unterrühren. Mehl und Backpulver mischen, auf mittlerer Stufe unterrühren.

3 Den Teig in eine Springform (Ø 26 cm, gefettet) geben und glatt streichen. Die Form auf dem Rost in den vorgeheizten Backofen schieben. Den Tortenboden **etwa 20 Minuten backen.**

4 Den Tortenboden aus der Form lösen und auf einen mit Backpapier belegten Kuchenrost stürzen. Tortenboden erkalten lassen und auf eine Tortenplatte legen. Einen Tortenring darumstellen.

5 Für die Füllung aus Milch, Sahne und Creme Pudding einen Pudding nach Packungsanleitung zubereiten. Den Pudding etwa 5 Minuten abkühlen lassen, dabei 2–3-mal umrühren. Den warmen Pudding auf dem Tortenboden verteilen.

6 Für den Belag Äpfel heiß abspülen, abtrocknen und schälen. Von den Apfelschalen 150 g abwiegen und beiseitelegen. Äpfel vierteln und entkernen. Apfelviertel von 3 1/2 Äpfeln in etwa 1 cm dicke Spalten schneiden. Restliche Apfelviertel und beiseitegelegte Schalen klein schneiden.

7 Apfelgelee mit Wasser in einem Topf zum Kochen bringen. Apfelspalten darin bei mittlerer Hitze 2–3 Minuten dünsten, auf einem Sieb abtropfen lassen, den Saft dabei auffangen und 150 ml abmessen. Apfelspalten erkalten lassen und auf dem erkalteten Pudding verteilen. Die Torte in den Kühlschrank stellen.

8 Apfelschalen-, stücke, Zitronensaft, Apfelsaft und Zitronensäure im Mixer fein zerkleinern. Gelatine nach Packungsanleitung einweichen, ausdrücken und in einem kleinen Topf bei schwacher Hitze unter Rühren erwärmen, bis sie völlig gelöst ist. Gelatine unter die Apfelmasse rühren und kalt stellen, zwischendurch umrühren.

9 Wenn die Apfelmasse anfängt zu gelieren, sie auf den Apfelspalten verteilen. Die Torte etwa 1 Stunde in den Kühlschrank stellen. Tortenring lösen und entfernen. Die Torte bis zum Servieren in den Kühlschrank stellen.

Zebra-Crashtorte

Zubereitungszeit:
40 Minuten, ohne Kühlzeit
Backzeit: 35–40 Minuten

Für den Teig:
3 Eier (Größe M)
150 g Zucker
1 Pck. Dr. Oetker Vanillin-Zucker
125 ml Speiseöl
200 g Weizenmehl
3 gestr. TL Dr. Oetker Backin
1 EL (10 g) gesiebtes Kakaopulver
1 EL Milch oder Wasser

Für die Füllung:
6 Blatt weiße Gelatine
600 g Joghurt (nach griechischer Art, 9,4 % Fett)
40 g Zucker
300 g kleine Erdbeeren
1 Dose Mandarinen (Abtropfgewicht 175 g)
2 EL Mandarinensaft (aus der Dose)
200 g Schlagsahne

PRO STÜCK:
E: 7 g, F: 23 g, Kh: 35 g,
kJ: 1559, kcal: 372, BE: 3,0

1 Den Backofen vorheizen.
Ober-/Unterhitze: etwa 180 °C, Heißluft: etwa 160 °C

2 Für den Teig Eier mit Zucker und Vanillin-Zucker in einer Rührschüssel mit einem Mixer (Rührstäbe) in etwa 2 Minuten schaumig rühren. Speiseöl unterrühren. Mehl mit Backpulver mischen und unter den Teig rühren. Den Teig halbieren. Unter eine Teighälfte Kakao und Milch oder Wasser rühren.

3 Für das Zebramuster zunächst gut 2 Esslöffel des dunklen Teiges in die Mitte einer Springform (Ø 26 cm, mit Backpapier belegt) geben (nicht verstreichen). Auf den dunklen Teig gut 2 Esslöffel des hellen Teiges geben (nicht daneben). Die Vorgänge wiederholen, bis beide Teige aufgebraucht sind. Den Teig nicht glatt streichen. Die Form auf dem Rost in den vorgeheizten Backofen schieben. Den Tortenboden **35–40 Minuten backen.**

4 Den Tortenboden aus der Form lösen und mit dem Backpapier auf einen Kuchenrost ziehen. Tortenboden erkalten lassen und einmal waagerecht durchschneiden. Den unteren Tortenboden auf eine Tortenplatte legen. Einen Tortenring darumstellen. Den oberen Tortenboden in etwa 3 cm große Würfel schneiden.

5 Für die Füllung Gelatine nach Packungsanleitung einweichen. Joghurt mit Zucker verrühren. Erdbeeren putzen, abspülen, abtropfen lassen. Größere Erdbeeren halbieren. Mandarinen auf einem Sieb abtropfen lassen, den Saft auffangen und 2 Esslöffel Saft abmessen. Eingeweichte Gelatine leicht ausdrücken und in einem kleinen Topf bei schwacher Hitze unter Rühren erwärmen, bis sie völlig gelöst ist. Abgemessenen Mandarinensaft unterrühren. Gelatine zunächst mit 2–3 Esslöffeln des Joghurts verrühren, dann unter den restlichen Joghurt rühren. Sahne steif schlagen und unter die Joghurtmasse heben.

6 Jeweils ein Drittel der Kuchenwürfel und Früchte unregelmäßig auf dem unteren Tortenboden verteilen. Ein Drittel der Joghurtmasse in die Zwischenräume geben. Alle Kuchenwürfel, Früchte und Joghurtmasse wie beschrieben verarbeiten, bis alles aufgebraucht ist. Die Torte 3 Stunden in den Kühlschrank stellen.

TIPP: Die kleinen Randstücke des oberen Tortenbodens nicht verwenden, evtl. zerbröseln und auf den oberen Tortenrand streuen.

Altbier-Schoko-Torte

Zubereitungszeit:
25 Minuten, ohne Abkühlzeit
Backzeit: etwa 45 Minuten

Zum Vorbereiten:
375 ml Altbier
225 g Butter
450 g Zucker
2 Pck. Dr. Oetker Vanillin-Zucker
75 g gesiebtes Kakaopulver

Für den Teig:
3 Eier (Größe M)
150 g saure Sahne
300 g Weizenmehl
3 gestr. TL Natron

Für die Schaumhaube:
300 g Doppelrahm-Frischkäse
125 g Puderzucker
125 g Schlagsahne

PRO STÜCK:
E: 9 g, F: 31 g, Kh: 70 g,
kJ: 2542, kcal: 608, BE: 6,0

1 Zum Vorbereiten Altbier in einem Topf erwärmen und Butter darin zerlassen. Den Topf von der Kochstelle nehmen. Zucker mit Vanillin-Zucker und Kakao mischen. Mit einem Schneebesen gründlich unter die Bier-Butter-Mischung rühren und abkühlen lassen.

2 Den Backofen vorheizen.
Ober-/Unterhitze: etwa 180 °C, Heißluft: etwa 160 °C

3 Für den Teig Eier und saure Sahne in einer großen Rührschüssel kurz mit einem Mixer (Rührstäbe) verrühren. Die Biermischung unterrühren. Mehl mit Natron mischen und in 2 Portionen auf mittlerer Stufe unterrühren.

4 Den dickflüssigen Teig in eine Springform (Ø 26 cm, Boden mit Backpapier belegt) füllen. Die Form auf dem Rost in den vorgeheizten Backofen schieben. Die Torte **etwa 45 Minuten backen.**

5 Die Form auf einen Kuchenrost stellen. Die Torte etwa 10 Minuten in der Form stehen lassen. Dann aus der Form lösen und mit dem Backpapier auf einem Kuchenrost erkalten lassen. Anschließend Backpapier entfernen.

6 Für die Schaumhaube Frischkäse mit Puderzucker und Sahne in einer hohen Rührschüssel mit einem Mixer (Rührstäbe) zunächst kurz auf niedrigster, dann auf höchster Stufe zu einer streichfähigen Creme aufschlagen. Die Creme in Wellen als Schaumhaube auf die Tortenoberfläche streichen. Die Torte bis zum Servieren kalt stellen.

Apfel-Dinkel-Torte

Zubereitungszeit:
25 Minuten, ohne Abkühlzeit
Backzeit: 60–70 Minuten

Für den Knetteig:
175 g Dinkelmehl (erhältlich im Bioladen oder Reformhaus)
1 gestr. TL Dr. Oetker Backin
60 g brauner Zucker (Rohrzucker)
1 Ei (Größe M)
70 g weiche Butter oder Margarine

Für die Füllung:
900 g Äpfel, z. B. Cox Orange oder Elstar
600 ml Apfelsaft, naturtrüb
2 Pck. Dr. Oetker Pudding-Pulver Vanille-Geschmack
100 g brauner Zucker (Rohrzucker)

Für den Belag:
250 g Schlagsahne
1 Pck. Sahnesteif
1 Pck. Dr. Oetker Bourbon-Vanille-Zucker

Zum Garnieren:
1 roter Apfel
etwas Zitronensaft

Zum Bestäuben:
Puderzucker

PRO STÜCK:
E: 3 g, F: 13 g, Kh: 45 g,
kJ: 1313, kcal: 314, BE: 4,0

1 Für den Teig Mehl in eine Rührschüssel geben. Restliche Zutaten hinzufügen und mit einem Mixer (Rührstäbe) zunächst kurz auf niedrigster, dann auf höchster Stufe zu einem glatten Teig verarbeiten. Den Teig in Frischhaltefolie gewickelt etwa 30 Minuten kalt stellen.

2 Für die Füllung Äpfel schälen, vierteln, entkernen und in Spalten schneiden. 100 ml Apfelsaft mit Pudding-Pulver und Zucker anrühren. Restlichen Apfelsaft mit den Apfelspalten in einem Topf zum Kochen bringen und etwa 1 Minute kochen lassen. Angerührtes Pudding-Pulver einrühren und unter Rühren einmal aufkochen lassen. Den Topf von der Kochstelle nehmen. Apfelmasse erkalten lassen.

3 In der Zwischenzeit den Backofen vorheizen.
Ober-/Unterhitze: etwa 180 °C, Heißluft: etwa 160 °C

4 Zwei Drittel des Teiges auf dem Boden einer Springform (Ø 26 cm, gefettet) ausrollen. Einen Springformrand darumstellen. Die Form auf dem Rost in den vorgeheizten Backofen schieben. Den Knetteigboden **etwa 10 Minuten vorbacken.**

5 Die Form auf einen Kuchenrost stellen. Den Boden erkalten lassen.

6 Restlichen Teig zu einer langen Rolle formen, auf den vorgebackenen Boden legen und so an die Form drücken, dass ein etwa 3 cm hoher Rand entsteht. Die Pudding-Apfel-Masse auf dem vorgebackenen Boden verteilen. Die Form wieder auf dem Rost in den vorgeheizten Backofen (untere Schiene) schieben. Die Torte **bei gleicher Backofentemperatur 50–60 Minuten backen.**

7 Die Form auf einen Kuchenrost stellen. Die Torte etwa 15 Minuten in der Form abkühlen lassen, dann den Tortenrand mit einem Messer lösen. Tortenboden in der Form erkalten lassen.

8 Für den Belag Sahne mit Sahnesteif und Vanille-Zucker steif schlagen. Die Torte aus der Form lösen und auf eine Tortenplatte setzen. Die Sahne auf der Tortenoberfläche verteilen und mit einem Esslöffel wellenartig verstreichen.

9 Zum Garnieren Apfel waschen, abtrocknen, vierteln, entkernen und in schmale Spalten schneiden. Apfelspalten mit Zitronensaft beträufeln. Die Tortenoberfläche damit garnieren. Den Tortenrand vor dem Servieren mit Puderzucker bestäuben.

LPG-Torte

Zubereitungszeit:
45 Minuten, ohne Abkühlzeit
Backzeit: 20–25 Minuten

Für den Rührteig:
- 125 g weiche Butter oder Margarine
- 125 g Zucker
- 1 Pck. Dr. Oetker Vanillin-Zucker
- 3 Eier (Größe M)
- 150 g Weizenmehl
- 25 g Speisestärke
- 1 gestr. TL Dr. Oetker Backin

Für die Füllung:
- 750 ml Milch
- 1 Pck. Dr. Oetker Pudding-Pulver Vanille-Geschmack
- 1 Pck. Saucenpulver Vanille-Geschmack, zum Kochen
- 60 g Zucker
- 250 g Butter

- 75 ml Rum
- etwa 150 g Butterkekse

Für den Guss:
- 100 g Zartbitter-Schokolade (50 % Kakaoanteil)
- 1 TL Speiseöl

PRO STÜCK:
E: 7 g, F: 36 g, Kh: 45 g,
kJ: 2277, kcal: 544, BE: 3,5

1 Den Backofen vorheizen.
Ober-/Unterhitze: etwa 180 °C, Heißluft: etwa 160 °C

2 Für den Teig Butter oder Margarine in einer Rührschüssel mit einem Mixer (Rührstäbe) geschmeidig rühren. Nach und nach Zucker und Vanillin-Zucker unterrühren. So lange rühren, bis eine gebundene Masse entstanden ist.

3 Jedes Ei etwa ½ Minute unterrühren. Mehl mit Speisestärke und Backpulver mischen, in 2 Portionen kurz auf mittlerer Stufe unterrühren. Den Teig in eine Springform (Ø 26 cm, mit Backpapier belegt) geben und glatt streichen. Die Form auf dem Rost in den vorgeheizten Backofen (unteres Drittel) schieben. Den Boden **20–25 Minuten backen.**

4 Den Gebäckboden aus der Form lösen und auf einem mit Backpapier belegten Kuchenrost erkalten lassen. Mitgebackenes Backpapier entfernen. Boden einmal waagerecht durchschneiden. Den unteren Gebäckboden auf eine Tortenplatte legen, einen Tortenring darumstellen.

5 Für die Füllung aus Milch, Pudding-Pulver, Saucenpulver und Zucker einen Pudding nach Packungsanleitung (aber mit den hier angegebenen Zutaten) zubereiten. Butter unter den heißen Pudding rühren. Die Puddingmasse unter gelegentlichem Rühren etwa 20 Minuten abkühlen lassen.

6 Die Hälfte der Puddingmasse auf den unteren Gebäckboden geben und glatt streichen. Die Hälfte des Rums in einen flachen Teller geben. Die Hälfte der Butterkekse jeweils halbieren und nacheinander kurz durch den Rum ziehen. Butterkekshälften auf der Puddingmasse verteilen.

7 Den oberen Gebäckboden darauflegen. Restliche Puddingmasse darauf verteilen. Die restlichen Butterkekse halbieren und nur von einer Seite durch den Rum ziehen (tränken). Butterkekshälften mit der getränkten Seite dicht an dicht auf die Puddingmasse legen (evtl. die Butterkekse zurechtschneiden). Die Torte mindestens 4 Stunden kalt stellen.

8 Für den Guss Schokolade in Stücke brechen, mit Speiseöl in einem kleinen Topf im heißen Wasserbad bei schwacher Hitze unter Rühren schmelzen. Den Tortenring entfernen. Die Schokolade auf die Tortenoberfläche geben und glatt streichen. Schokolade fest werden lassen.

Lemoncurd Cheesecake

Zubereitungszeit:
75 Minuten, ohne Kühlzeit
Backzeit: etwa 60 Minuten

Für den Boden:
200 g Vollkorn-Butterkekse
130 g Butter

Für die Füllung:
1 kleine Bio-Zitrone
600 g Doppelrahm-Frischkäse
150 g Schmand (Sauerrahm)
120 g Zucker
3 Eier (Größe M)
2 EL Zitronensaft (von der Bio-Zitrone)
½ Pck. Dr. Oetker Pudding-Pulver Vanille-Geschmack

Für den Guss:
130 g Lemoncurd

PRO STÜCK:
E: 9 g, F: 32 g, Kh: 31 g,
kJ: 1879, kcal: 448, BE: 2,5

1 Für den Boden Butterkekse in einen Gefrierbeutel geben. Den Beutel fest verschließen. Butterkekse mit einer Teigrolle fein zerbröseln und in eine Rührschüssel geben. Butter in einem kleinen Topf zerlassen, zu den Keksbröseln geben und gut verrühren.

2 Die Bröselmasse in eine Springform (Ø 24 cm) geben, mit einem Esslöffel zu einem Boden andrücken und vorsichtig einen etwa 2 cm hohen Rand formen. Die Form mindestens 10 Minuten in den Kühlschrank stellen.

3 Für die Füllung Zitrone heiß abwaschen, abtrocknen und die Schale abreiben. Zitrone halbieren, den Saft auspressen und 2 Esslöffel abmessen.

4 Den Backofen vorheizen.
Ober-/Unterhitze: etwa 180 °C, Heißluft: etwa 160 °C

5 Frischkäse mit Schmand, Zitronenschale und Zucker in einer Rührschüssel mit einem Mixer (Rührstäbe) auf mittlerer Stufe glatt rühren. Eier nach und nach unterrühren. Zitronensaft mit Pudding-Pulver verrühren, zu der Frischkäsemasse geben und so lange weiterschlagen, bis die Masse anfängt fest zu werden.

6 Die Frischkäsemasse auf den Bröselboden in die Springform geben und glatt streichen. Die Form auf dem Rost in den vorgeheizten Backofen (unteres Drittel) schieben. Cheesecake **etwa 60 Minuten backen.**

7 Die Form auf einen Kuchenrost stellen. Cheesecake erkalten lassen und aus der Form lösen. Cheesecake mindestens 4 Stunden in den Kühlschrank stellen.

8 Für den Guss Lemoncurd glatt rühren. Den Cheesecake damit bestreichen.

TIPP: Nach Belieben 1 kleine Bio-Zitrone heiß abwaschen, abtrocknen und in dünne Scheiben schneiden. Lemoncurd Cheesecake mit den Zitronenscheiben garnieren. Kalt gestellt, hält sich der Lemoncurd Cheesecake 3–4 Tage.

Aprikosenparfait-Torte

Zubereitungszeit:
30 Minuten, ohne Trocken- und Kühlzeit

Zum Vorbereiten:
2–3 Rosenblüten (ungespritzt)
1 Eiweiß (Größe M)
150 g Zucker

Für den Boden:
100 g Nuss-Nougat
2 EL Speiseöl, z. B. Sonnenblumenöl
160 g Amarettini (ital. Mandelmakronen)

Für die Aprikosencreme:
480 g abgetropfte Aprikosenhälften (aus der Dose)
2–3 TL Rosenwasser
3 Eiweiß (Größe M)
100 g Zucker
3 Eigelb (Größe M)
300 g Schlagsahne

PRO STÜCK:
E: 3 g, F: 11 g, Kh: 23 g, kJ: 848, kcal: 202, BE: 2,0

1 Zum Vorbereiten die Rosenblätter vorsichtig vom Stiel lösen. Die Rosenblätter vorsichtig mit verschlagenem Eiweiß bepinseln und auf ein Backblech (mit Backpapier belegt) legen. Die Rosenblätter von beiden Seiten mit Zucker bestreuen und am besten eine Nacht lang an der Luft trocknen lassen.

2 Für den Boden Nougat in Stücke schneiden und mit Speiseöl in einem kleinen Topf im Wasserbad bei schwacher Hitze unter Rühren schmelzen. Die Amarettini in einen Gefrierbeutel geben. Den Beutel fest verschließen. Die Amarettini mit einer Teigrolle fein zerbröseln und zu dem geschmolzenen Nougat geben. Die Zutaten gut verrühren.

3 Die Amarettini-Nougat-Masse in eine Springform (Ø 26 cm, Boden gefettet, mit Backpapier belegt) geben und mit einem Löffel fest zu einem Boden andrücken. Den Nougat-Bröselboden zugedeckt eine Zeit lang in den Kühlschrank stellen.

4 Für die Aprikosencreme die Aprikosenhälften mit dem Rosenwasser pürieren. Das Eiweiß mit 50 g Zucker steif schlagen. Das Eigelb mit dem restlichen Zucker in einer Rührschüssel mit einem Mixer (Rührstäbe) auf höchster Stufe in etwa 5 Minuten schaumig schlagen. In einer anderen Rührschüssel die Sahne steif schlagen.

5 Die Eigelbmasse vorsichtig unter das Aprikosenpüree heben. Den Eischnee und die Sahne abwechselnd in 2 Portionen unter die Aprikosenmasse heben.

6 An den Springformrand (gefettet) 2 Backpapierstreifen (je etwa 6 x 40 cm) legen. Aprikosencreme auf den Nougat-Bröselboden geben und glatt streichen. Die Torte zugedeckt mindestens 6 Stunden in das Gefrierfach stellen.

7 Die Aprikosenparfait-Torte vorsichtig aus der Form lösen und auf eine Tortenplatte setzen. Das Backpapier vorsichtig entfernen. Die Aprikosenparfait-Torte mit vorbereiteten Rosenblättern garnieren.

HINWEIS: Nur ganz frische Eier verwenden, die nicht älter als 5 Tage sind (Legedatum beachten!). Die Aprikosenparfait-Torte im Kühlschrank aufbewahren und innerhalb von 24 Stunden verzehren.

Melonen-Quark-Torte

Zubereitungszeit:
30 Minuten, ohne Kühlzeit

Für den Boden und die Schoko-Müsli-Häufchen:
- 100 g Vollmilch-Schokolade
- 100 g Zartbitter-Schokolade
- 200 g Vitalis Knusper Müsli

Für den Belag:
- 1 kleine Galia-Melone (etwa 600 g)
- 1 Pck. Käse-Sahne Tortencreme (Cremepulver)
- 500 g Magerquark
- 500 g Schlagsahne
- 200 ml Mandarinensaft (aus der Dose), mit Wasser aufgefüllt
- 175 g abgetropfte Mandarinen (aus der Dose)

PRO STÜCK:
E: 8 g, F: 17 g, Kh: 18 g,
kJ: 1111, kcal: 265, BE: 1,5

1 Für den Boden und die Schoko-Müsli-Häufchen Vollmilch- und Zartbitter-Schokolade in Stücke brechen und zusammen in einem kleinen Topf im Wasserbad bei schwacher Hitze unter Rühren schmelzen. Müsli in eine Rührschüssel geben, die Schokolade hinzugeben und gut unterrühren. Von der Masse mit 2 Teelöffeln 12–14 kleine Häufchen abstechen und auf ein mit Speiseöl bestrichenes Stück Backpapier setzen.

2 Einen Tortenring oder Springformrand (Ø 26 cm) auf eine mit Tortenspitze oder Backpapier belegte Tortenplatte stellen. Restliche Schoko-Müsli-Masse hineingeben und mit einem Löffel fest zu einem Boden andrücken. Den Knusperboden zugedeckt etwa 30 Minuten in den Kühlschrank stellen.

3 Für den Belag die Melone vierteln und entkernen. Das Fruchtfleisch von der Schale schneiden. Drei Melonenviertel in kleine Würfel, restliches Fruchtfleisch (etwa 150 g) in Spalten schneiden und zugedeckt beiseitestellen.

4 Die Tortencreme nach Packungsanleitung mit dem Quark und der Sahne, aber mit dem Saft anstelle des Wassers, zubereiten.

5 Abgetropfte Melonenwürfel und zwei Drittel der Mandarinen unter die Creme heben. Die Creme auf den Schoko-Müsli-Boden geben und glatt streichen. Die Torte zugedeckt mindestens 3 Stunden in den Kühlschrank stellen. Den Tortenring oder Springformrand vorsichtig lösen und entfernen.

6 Die Torte mit Melonenspalten, restlichen Mandarinen und den Schoko-Müsli-Häufchen garnieren.

TIPP: Sie können auch eine Quarkcreme aus 5 Blatt weißer Gelatine, 500 g Magerquark, 50 g Zucker, 200 ml Mandarinensaft (aus der Dose) und 500 g Schlagsahne zubereiten. Dafür die Gelatine nach Packungsanleitung einweichen. Quark, Zucker und Saft verrühren. Die eingeweichte Gelatine leicht ausdrücken und in einem kleinen Topf unter Rühren bei schwacher Hitze auflösen. Die Gelatine unter die Quarkmasse rühren. Sahne steif schlagen und unterheben. Die Torte maximal einen Tag vor dem Verzehr zubereiten.

VARIANTE: Die Torte statt mit Melone und Mandarinen nur mit Himbeeren zubereiten. Statt Knusper Müsli können auch Cornflakes verwendet werden.

Orangen-Ingwer-Torte

Zubereitungszeit:
45 Minuten, ohne Kühlzeit

Für den Knusper-Boden:
- 150 g Zartbitter-Kuvertüre
- 2 EL Speiseöl, z. B. Sonnenblumenöl
- 80 g knusprige Weizen-Honig-Pops

Für die Orangen-Ingwer-Creme:
- 3 Bio-Orangen
- 100 g kandierter Ingwer
- 500 g Magerquark
- 7 Blatt weiße Gelatine
- 60 g Zucker
- 250 g Schmand (Sauerrahm, 24 % Fett)
- 250 g Schlagsahne

Zum Garnieren:
- 50 g Zartbitter-Kuvertüre

PRO STÜCK:
E: 7 g, F: 14 g, Kh: 23 g, kJ: 1065, kcal: 255, BE: 2,0

1 Für den Knusper-Boden die Kuvertüre in grobe Stücke hacken und mit dem Speiseöl in einem kleinen Topf im Wasserbad bei schwacher Hitze unter Rühren schmelzen. Die Weizen-Honig-Pops unter die warme Kuvertüre rühren.

2 Die Schokoladen-Knusper-Masse in eine Springform (Ø 26 cm, Boden gefettet, mit Backpapier belegt) geben und mit einem Löffel fest zu einem Boden andrücken. Den Tortenboden zugedeckt in den Kühlschrank stellen.

3 Für die Orangen-Ingwer-Creme die Orangen heiß abspülen und abtrocknen. Von 2 Orangen die Schale fein abreiben. Die beiden Orangen anschließend so schälen, dass die weiße Haut vollständig entfernt wird. Die Fruchtfilets herausschneiden und zugedeckt in den Kühlschrank stellen. Die restliche Orange halbieren und den Saft auspressen. Den kandierten Ingwer grob hacken.

4 Quark mit Orangenschale und Ingwerstückchen in einer Schüssel verrühren. Gelatine nach Packungsanleitung einweichen. Gelatine leicht ausdrücken und mit dem Orangensaft und Zucker in einem kleinen Topf bei schwacher Hitze unter Rühren auflösen.

5 Gelatinemasse zunächst mit etwa 4 Esslöffeln von dem Orangen-Quark verrühren, dann unter den restlichen Orangen-Quark rühren. Den Schmand unterheben. Den Orangen-Quark kurz in den Kühlschrank stellen.

6 Sobald der Orangen-Quark anfängt dicklich zu werden, die Sahne steif schlagen und unterheben. Die Orangen-Quarkcreme auf den Tortenboden geben und glatt streichen. Die Orangen-Ingwer-Torte zugedeckt mindestens 4 Stunden in den Kühlschrank stellen.

7 Zum Garnieren die Orangen-Ingwer-Torte vorsichtig aus der Springform lösen und auf eine Tortenplatte setzen. Kuvertüre mit einem Sparschäler oder Messer in Spänen abhobeln. Die Orangen-Ingwer-Torte mit den vorbereiteten Orangenfilets belegen und mit den Kuvertürespänen bestreuen.

Sahnetorte mit Beeren

Zubereitungszeit:
60 Minuten, ohne Antauzeit
Backzeit: etwa 25 Minuten

Für den Biskuitteig:
4 Eier (Größe M)
125 g Zucker
1 Pck. Dr. Oetker Vanillin-Zucker
100 g Weizenmehl
50 g Speisestärke
1 gestr. TL Dr. Oetker Backin

100 g Johannisbeergelee

Für die Füllung:
200 g frische oder TK-Erdbeeren
750 g Schlagsahne
1 Pck. Erdbeer-Sahne-Tortencreme (Cremepulver)

Für den Belag:
125 g TK-Erdbeeren
125 g TK-Johannisbeeren

PRO STÜCK:
E: 4 g, F: 16 g, Kh: 29 g,
kJ: 1179, kcal: 281, BE: 2,5

1 Den Backofen vorheizen.
Ober-/Unterhitze: etwa 180 °C, Heißluft: etwa 160 °C

2 Für den Teig Eier in einer Rührschüssel mit einem Mixer (Rührstäbe) auf höchster Stufe in 1 Minute schaumig schlagen. Zucker und Vanillin-Zucker mischen, in 1 Minute einstreuen, dann noch etwa 2 Minuten weiterschlagen.

3 Mehl mit Speisestärke und Backpulver mischen, auf die Eiercreme geben und kurz auf niedrigster Stufe unterrühren. Den Teig in eine Springform (Ø 26 cm, Boden gefettet, mit Backpapier belegt) geben und glatt streichen. Die Form auf dem Rost in den vorgeheizten Backofen schieben. Den Biskuitboden **etwa 25 Minuten backen.**

4 Die Springform auf einen Kuchenrost stellen. Den Biskuitboden aus der Form lösen und auf einen mit Backpapier belegten Kuchenrost stürzen. Das mitgebackene Backpapier abziehen. Den Biskuitboden erkalten lassen und einmal waagerecht durchschneiden.

5 Den unteren Boden auf eine Tortenplatte legen und mit Johannisbeergelee bestreichen. Einen Tortenring oder den gesäuberten Springformrand darumstellen.

6 Für die Füllung Erdbeeren pürieren (TK-Erdbeeren vorher auftauen lassen). Sahne steif schlagen. Die Tortencreme nach Packungsanleitung anrühren. Pürierte Erdbeeren unterrühren, die Sahne in 2 Portionen unterheben. Drei Viertel der Creme auf den unteren Boden geben und glatt streichen. Den oberen Boden darauflegen und leicht andrücken.

7 Für den Belag die Erdbeeren antauen lassen, klein schneiden und mit den gefrorenen Johannisbeeren mischen. Die Hälfte der Beerenmischung zu der restlichen Creme geben und vorsichtig unterheben. Die Beerencreme auf die Tortenoberfläche geben und grob verstreichen. Die Tortenoberfläche mit den restlichen Beeren garnieren. Die Sahnetorte zugedeckt etwa 3 Stunden in den Kühlschrank stellen.

TIPP: Die Sahnetorte mit abgespülten und trocken getupften Johannisbeerrispen garnieren.

Bananen-Kefir-Quarktorte

Zubereitungszeit:
40 Minuten, ohne Kühlzeit

Für den Boden:
120 g Zartbitter-Kuvertüre
2 EL Speiseöl,
z. B. Sonnenblumenöl
140 g Schokoladen-Reis-Flakes

Für den Belag:
3–4 Bananen (etwa 500 g)

Für die Kefir-Quark-Creme:
6 Blatt weiße Gelatine
250 g Kefir
250 g Magerquark
40 g Zucker
1 Pck. Dr. Oetker Bourbon-Vanille-Zucker
250 g Schlagsahne

PRO STÜCK:
E: 6 g, F: 13 g, Kh: 27 g,
kJ: 1048, kcal: 250, BE: 2,5

1 Für den Boden Kuvertüre in Stücke hacken und mit dem Speiseöl in einem kleinen Topf im Wasserbad bei schwacher Hitze unter Rühren schmelzen. Den Topf von der Kochstelle nehmen und die Schokoladen-Reis-Flakes unter die Schokolade rühren.

2 Ein Stück Backpapier auf einen flachen Teller oder ein Tablett legen. Mit einem Teelöffel von der Schokoladen-Reis-Flakes-Masse 12 kleine Häufchen abnehmen und daraufsetzen. Die restliche Schokoladen-Reis-Flakes-Masse in eine Springform (Ø 26 cm, Boden gefettet, mit Backpapier belegt) geben und mit einem Löffel fest zu einem Boden andrücken. Die Schokoladen-Reis-Flakes-Häufchen und den Boden zugedeckt in den Kühlschrank stellen.

3 Für den Belag die Bananen schälen und in etwa 2 1/2 cm breite Scheiben schneiden. Die Bananenscheiben mit der Schnittfläche nach unten auf den Schokoladen-Reis-Flakes-Boden setzen.

4 Für die Kefir-Quark-Creme Gelatine nach Packungsanleitung einweichen. Kefir mit Quark, Zucker und Vanille-Zucker in einer Schüssel glatt rühren.

5 Gelatine leicht ausdrücken und in einem kleinen Topf bei schwacher Hitze unter Rühren auflösen. Die aufgelöste Gelatine zunächst mit etwa 4 Esslöffeln von der Kefir-Quark-Masse verrühren, dann unter die restliche Kefir-Quark-Masse rühren. Die Kefir-Quark-Masse in den Kühlschrank stellen.

6 Sobald die Kefir-Quark-Masse anfängt dicklich zu werden, Sahne steif schlagen und unterheben. Die Kefir-Quark-Creme auf die Bananen geben und glatt streichen. Die Torte zugedeckt mindestens 3 Stunden in den Kühlschrank stellen.

7 Die Torte vorsichtig aus der Form lösen und das Backpapier entfernen. Die Bananen-Kefir-Torte auf eine Tortenplatte setzen und mit den Schokoladen-Reis-Flakes-Häufchen garnieren.

Kutusov-Torte

Zubereitungszeit:
45 Minuten, ohne Auftau- und Kühlzeit
Backzeit: etwa 12 Minuten je Boden

Zum Vorbereiten:
300 g TK-Beeren, z. B. gemischte Beeren oder Himbeeren, Heidelbeeren, Erdbeeren, Johannisbeeren, oder frische Beeren

Für den All-in-Teig:
250 g Weizenmehl
3 gestr. TL Dr. Oetker Backin
150 g Zucker
2 EL flüssiger Honig
3 Eier (Größe M)
200 g weiche Butter oder Margarine

Für die Füllung:
200 g Butter
200 g Schmand (Sauerrahm, Zimmertemperatur)
100 g Zucker
1 Pck. Dr. Oetker Bourbon-Vanille-Zucker

Zum Bestreichen:
250 g Schlagsahne
1 Pck. Sahnesteif
1 Pck. Dr. Oetker Vanillin-Zucker

PRO STÜCK:
E: 4 g, F: 30 g, Kh: 34 g, kJ: 1772, kcal: 424, BE: 3,0

1 Zum Vorbereiten TK-Beeren auf einem großen, mit 2 Lagen Küchenpapier belegten Teller verteilen und auftauen lassen. Frische Beeren evtl. verlesen, abspülen, gut abtropfen lassen und entstielen.

2 Den Backofen vorheizen.
Ober-/Unterhitze: etwa 180 °C, Heißluft: etwa 160 °C

3 Für den Teig Mehl mit Backpulver in einer Rührschüssel mischen. Restliche Zutaten hinzufügen und mit einem Mixer (Rührstäbe) erst kurz auf niedrigster, dann auf höchster Stufe in etwa 2 Minuten zu einem glatten Teig verarbeiten.

4 Den Teig in 3 Portionen teilen. 1 Teigportion in eine Springform (Ø 26 cm, Boden gefettet, mit Backpapier belegt) geben und glatt streichen. Die Form auf dem Rost in den vorgeheizten Backofen schieben und den Gebäckboden **etwa 12 Minuten backen.**

5 Den Gebäckboden aus der Form lösen, auf einen mit Backpapier belegten Kuchenrost legen und erkalten lassen. Das mitgebackene Backpapier abziehen. In der Zwischenzeit aus den restlichen Teigportionen auf die gleiche Weise 2 weitere Böden backen.

6 Für die Füllung Butter in einem kleinen Topf zerlassen und auf Zimmertemperatur abkühlen lassen. Schmand mit Zucker und Vanille-Zucker verrühren. Nach und nach Butter unter Rühren dazugießen. Die Schmand-Butter-Mischung cremig aufschlagen. Etwa ein Viertel der Creme beiseitestellen.

7 Die restliche Creme halbieren. 2 der Gebäckböden mit jeweils 1 Cremeportion bestreichen. Einige schöne Beeren zum Garnieren beiseitelegen. Restliche Beeren auf den beiden bestrichenen Gebäckböden verteilen. Die beiden Böden zusammensetzen. Den dritten Boden darauflegen und leicht andrücken. Den Tortenrand so mit der restlichen Creme bestreichen, dass die Ränder gut ausgefüllt sind. Die Torte zugedeckt etwa 1 Stunde in den Kühlschrank stellen.

8 Zum Bestreichen Sahne mit Sahnesteif und Vanillin-Zucker steif schlagen. Tortenrand und -oberfläche damit bestreichen. Die Tortenoberfläche wellenförmig gestalten. Die Torte zugedeckt weitere etwa 2 Stunden in den Kühlschrank stellen. Die Torte mit den beiseitegelegten Beeren garnieren.

Schwarze-Johannisbeer-Torte

Zubereitungszeit:
40 Minuten, ohne Kühlzeit

Für den Boden:
150 g weiße Kuvertüre
2 EL Speiseöl,
z. B. Sonnenblumenöl
150 g Haferflockenkekse

Für die Johannisbeer-Frischkäse-Creme:
250 g schwarze Johannisbeeren
140 g Extra Gelierzucker 2:1
2 EL Wasser
400 g Doppelrahm-Frischkäse (zimmerwarm)
60 g Zucker
6 Blatt weiße Gelatine
400 g Schlagsahne

PRO STÜCK:
E: 4 g, F: 22 g, Kh: 24 g,
kJ: 1317, kcal: 316, BE: 2,0

1 Für den Boden Kuvertüre in Stücke hacken und mit dem Speiseöl in einem kleinen Topf im Wasserbad bei schwacher Hitze unter Rühren schmelzen. Haferflockenkekse in einen Gefrierbeutel geben. Den Beutel fest verschließen. Die Kekse mit einer Teigrolle fein zerbröseln und unter die warme Kuvertüre rühren.

2 Die Schokoladen-Brösel-Mischung in eine Springform (Ø 26 cm, Boden gefettet, mit Backpapier belegt) geben und mit einem Löffel fest zu einem Boden andrücken.

3 Für die Johannisbeer-Frischkäse-Creme die Johannisbeeren abspülen und gut abtropfen lassen. Die Johannisbeeren von den Rispen streifen. Johannisbeeren, Gelierzucker und Wasser in einen Topf geben. Die Johannisbeer-Mischung unter Rühren aufkochen und etwa 2 Minuten sprudelnd kochen lassen. Den Topf von der Kochstelle nehmen, die Johannisbeerkonfitüre etwas abkühlen lassen.

4 Frischkäse mit Zucker in einer Rührschüssel glatt rühren. Gelatine nach Packungsanleitung einweichen. Gelatine leicht ausdrücken und in einem kleinen Topf bei schwacher Hitze unter Rühren auflösen. Die aufgelöste Gelatine zunächst mit etwa 2 Esslöffeln von der Frischkäsemasse verrühren, dann unter die restliche Frischkäsemasse rühren. Die Sahne steif schlagen und unterheben.

5 Die Frischkäsecreme auf den Schokoladen-Brösel-Boden geben und glatt streichen. Die vorbereitete Johannisbeerkonfitüre mit einem Esslöffel in Häufchen auf die Frischkäsecreme setzen. Einen Holzlöffelstiel vorsichtig so durch die Johannisbeer-Frischkäse-Creme ziehen, dass ein Marmormuster entsteht. Die Schwarze-Johannisbeer-Torte zugedeckt etwa 4 Stunden in den Kühlschrank stellen.

6 Die Schwarze-Johannisbeer-Torte vorsichtig aus der Springform lösen und auf eine Tortenplatte setzen.

Bienenstich-Torte

Zubereitungszeit:
40 Minuten, ohne Abkühlzeit
Backzeit: etwa 35 Minuten

Für den All-in-Teig:
- 125 g Weizenmehl
- 2 gestr. TL Dr. Oetker Backin
- 125 g Zucker
- 1 Pck. Dr. Oetker Bourbon-Vanille-Zucker
- 150 g weiche Butter oder Margarine
- 4 Eier (Größe M)

Für den Bienenstichbelag:
- 75 g Butter
- 40 g Zucker
- 3 EL Schlagsahne (von der Sahne für die Füllung abnehmen)
- 1 TL Honig
- 100 g kernige Haferflocken oder gehobelte Mandeln

Für die Füllung:
- 250 g Mascarpone (ital. Frischkäse)
- 200 g Schlagsahne
- 3 EL Zucker
- 175 g abgetropfte Mandarinen (aus der Dose)
- 1–2 EL Zitronensaft

PRO STÜCK:
E: 6 g, F: 34 g, Kh: 33 g,
kJ: 1937, kcal: 463, BE: 3,0

1 Den Backofen vorheizen.
Ober-/Unterhitze: etwa 180 °C, Heißluft: etwa 160 °C

2 Für den Teig Mehl mit Backpulver in einer Rührschüssel mischen. Restliche Zutaten hinzufügen und mit einem Mixer (Rührstäbe) erst kurz auf niedrigster, dann auf höchster Stufe in etwa 2 Minuten zu einem glatten Teig verarbeiten.

3 Den Teig in eine Springform (Ø 26 cm, Boden gefettet) geben und glatt streichen. Die Form auf dem Rost in den vorgeheizten Backofen (unteres Drittel) schieben. Den Gebäckboden **etwa 20 Minuten vorbacken.**

4 Für den Bienenstichbelag inzwischen Butter mit Zucker, Sahne und Honig in einem Topf unter Rühren langsam erhitzen und aufkochen lassen. Haferflocken oder Mandeln unterrühren. Masse etwas abkühlen lassen, dabei gelegentlich umrühren.

5 Die Form auf einen Kuchenrost stellen. Den Bienenstichbelag in Klecksen auf den vorgebackenen Boden geben und vorsichtig verstreichen. Die Form wieder auf dem Rost in den heißen Backofen schieben. Den Gebäckboden **bei gleicher Backofentemperatur in etwa 15 Minuten fertig backen.**

6 Die Form auf einen Kuchenrost stellen. Den Gebäckboden etwas abkühlen lassen. Aus der Form lösen, auf einen mit Backpapier belegten Kuchenrost legen und erkalten lassen. Anschließend den Gebäckboden einmal waagerecht durchschneiden. Den oberen Bienenstichboden in 12 Tortenstücke schneiden.

7 Für die Füllung Mascarpone mit Sahne und Zucker in einer Rührschüssel mit einem Mixer (Rührstäbe) steif schlagen. Mandarinen mit dem Zitronensaft kurz unterrühren, sodass einige Mandarinen dabei zerteilt werden.

8 Die Mandarinencreme auf den unteren Boden geben und glatt streichen. Die Tortenstücke des Bienenstichbodens auf die Creme legen und leicht andrücken. Die Mandarinen-Bienenstich-Torte zugedeckt mindestens 1 Stunde in den Kühlschrank stellen.

Weincremetorte

Zubereitungszeit:
40 Minuten, ohne Kühlzeit

Für den Boden:
150 g weiße Kuvertüre
2 EL Speiseöl, z. B. Sonnenblumenöl
250 g Vitalis Knusper Müsli mit Honig

Für die Weincreme:
250 ml Weißwein
40 g Zucker
2 gestr. EL Dr. Oetker Pudding-Pulver Vanille-Geschmack
1 Prise frisch geriebene Muskatnuss
6 Blatt weiße Gelatine
500 g Schlagsahne
100 g Schmand (Sauerrahm, 24 % Fett)

Zum Garnieren:
300 g kernlose, blaue oder grüne Weintrauben
1 EL gehackte Pistazienkerne

PRO STÜCK:
E: 4 g, F: 20 g, Kh: 25 g,
kJ: 1284, kcal: 307, BE: 2,0

1 Für den Boden Kuvertüre in Stücke hacken und mit Speiseöl in einem kleinen Topf im Wasserbad bei schwacher Hitze unter Rühren schmelzen. Müsli hinzufügen und unterrühren.

2 Die Kuvertüre-Müsli-Mischung in eine Springform (Ø 26 cm, Boden gefettet, mit Backpapier belegt) geben, mit einem Löffel fest zu einem Boden andrücken und zugedeckt in den Kühlschrank stellen.

3 Für die Weincreme in der Zwischenzeit 50 ml Wein mit Zucker, Pudding-Pulver und Muskatnuss gut verrühren. Den restlichen Wein in einem Topf aufkochen lassen. Den Topf von der Kochstelle nehmen und das angerührte Pudding-Pulver einrühren. Alles unter Rühren nochmals aufkochen lassen, dann den Topf von der Kochstelle nehmen.

4 Gelatine nach Packungsanleitung einweichen. Gelatine gut ausdrücken und in dem heißen Weißwein-Pudding unter Rühren auflösen. Den Weißwein-Pudding auf Zimmertemperatur abkühlen lassen.

5 Sahne steif schlagen. Schmand unter den Weißwein-Pudding rühren, die Sahne vorsichtig unterheben. Die Weißwein-Pudding-Creme auf den Müsliboden geben und glatt streichen.

6 Zum Garnieren die Weintrauben abspülen, trocken tupfen und auf der Tortenoberfläche verteilen. Den äußeren Tortenrand mit den Pistazienkernen bestreuen. Die Weincremetorte zugedeckt mindestens 3 Stunden in den Kühlschrank stellen.

TIPP: Falls Sie keine kernlosen Weintrauben bekommen, halbieren und entkernen Sie die Weinbeeren, bevor Sie sie auf der Torte verteilen.

Zitronen-Knusper-Torte

Zubereitungszeit:
40 Minuten, ohne Kühlzeit

Für den Boden:
- 150 g weiße Kuvertüre
- 2 EL Speiseöl, z. B. Sonnenblumenöl
- 80 g knusprige Weizen-Honig-Pops

Für die Zitronencreme:
- 1 Bio-Zitrone
- 6 Blatt weiße Gelatine
- 300 g Doppelrahm-Frischkäse (zimmerwarm)
- 50 g Puderzucker
- 3 EL flüssiger Honig
- 350 g Schmand (Sauerrahm, 24 % Fett)
- 300 g Schlagsahne

Für den Guss:
- 1–2 Bio-Zitronen
- ½ Beutel aus 1 Pck. Götterspeise Zitronen-Geschmack
- 200 ml Wasser
- 50 g Zucker

PRO STÜCK:
E: 4 g, F: 21 g, Kh: 21 g,
kJ: 1220, kcal: 292, BE: 2,0

1 Für den Boden Kuvertüre in grobe Stücke hacken und mit dem Speiseöl in einem kleinen Topf im Wasserbad bei schwacher Hitze unter Rühren schmelzen. Den Topf von der Kochstelle nehmen. Die Weizen-Honig-Pops unter die warme Kuvertüre rühren.

2 Die Kuvertüre-Honig-Pops-Masse in eine Springform (Ø 26 cm, Boden gefettet, mit Backpapier belegt) geben und mit einem Löffel fest zu einem Boden andrücken. Den Tortenboden zugedeckt in den Kühlschrank stellen.

3 Für die Zitronencreme Zitrone heiß abspülen und abtrocknen. Die Schale fein abreiben. Zitrone halbieren und den Saft auspressen.

4 Gelatine nach Packungsanleitung einweichen. Frischkäse mit Puderzucker, flüssigem Honig, Zitronenschale und -saft in einer Rührschüssel glatt rühren. Gelatine leicht ausdrücken und in einem kleinen Topf bei schwacher Hitze unter Rühren auflösen. Die aufgelöste Gelatine zunächst mit etwa 4 Esslöffeln der Frischkäsemasse verrühren, dann unter die restliche Frischkäsemasse rühren. Schmand unterheben. Die Sahne steif schlagen und ebenfalls unterheben.

5 Die Zitronencreme auf den Tortenboden geben und glatt streichen. Die Zitronen-Knusper-Torte zugedeckt etwa 30 Minuten in den Kühlschrank stellen.

6 Für den Guss die Zitronen in dünne Scheiben schneiden, evtl. Kerne vorsichtig entfernen.

7 Aus dem Götterspeisepulver und dem Wasser eine Götterspeise nach Packungsanleitung zubereiten. Die Götterspeise auf Zimmertemperatur abkühlen lassen. Zitronenscheiben auf der Torte verteilen, die Götterspeise vorsichtig daraufgeben. Die Torte zugedeckt etwa 3 Stunden in den Kühlschrank stellen.

Sommertorte mit Mandarinen

Zubereitungszeit:
60 Minuten, ohne Kühlzeit

Zum Vorbereiten:
1 Beutel aus
1 Pck. Götterspeise Zitronen-Geschmack
375 ml klarer Apfelsaft
75 g Zucker

Für den Boden:
100 g Butter
150 g Butterkekse

Für den Belag und zum Garnieren:
1 Beutel aus
1 Pck. Götterspeise Zitronen-Geschmack
350 ml Mandarinensaft (aus der Dose), evtl. mit Wasser aufgefüllt
150 g Zucker
400 g gekühlte Schlagsahne
250 g Magerquark
350 g abgetropfte Mandarinen (aus der Dose)

PRO STÜCK:
E: 6 g, F: 15 g, Kh: 29 g,
kJ: 1184, kcal: 283, BE: 2,5

1 Zum Vorbereiten aus Götterspeisepulver, Apfelsaft und Zucker eine Götterspeise nach Packungsanleitung zubereiten. Die Götterspeise in eine flache Form (evtl. Auflaufform) geben und im Kühlschrank fest werden lassen.

2 Für den Boden Butter in einem kleinen Topf zerlassen. Butterkekse in einen Gefrierbeutel geben. Den Beutel fest verschließen. Die Butterkekse mit einer Teigrolle fein zerbröseln. Die Brösel unter die Butter rühren.

3 Einen Bogen Backpapier auf eine Tortenplatte legen und einen Tortenring oder Springformrand (Ø 26 cm) daraufstellen. Die Bröselmasse hineingeben und mit einem Löffel fest zu einem Boden andrücken. Bröselboden zugedeckt mindestens 20 Minuten in den Kühlschrank stellen.

4 Für den Belag die Götterspeise mit dem Mandarinensaft-Wasser-Gemisch und dem Zucker nach Packungsanleitung zubereiten, anschließend abkühlen lassen.

5 Sahne steif schlagen. Sobald die Götterspeise anfängt dicklich zu werden, erst den Quark unterrühren, dann die Sahne unterheben. Ein Drittel der Creme auf den Bröselboden geben und glatt streichen. Etwa zwei Drittel der Mandarinen darauf verteilen. Die restliche Quarkcreme daraufgeben und glatt streichen. Die Torte zugedeckt etwa 3 Stunden in den Kühlschrank stellen.

6 Die Torte mit einem Tortenheber vom Backpapier lösen und das Backpapier unter dem Boden wegziehen. Den Tortenring oder Springformrand vorsichtig lösen und entfernen.

7 Zum Garnieren aus der vorbereiteten, fest gewordenen Götterspeise verschiedene Motive ausstechen oder -schneiden, dazu die Götterspeise auf eine Platte stürzen. Die Torte mit den Götterspeisemotiven und den restlichen Mandarinen garnieren und bis zum Servieren zugedeckt in den Kühlschrank stellen.

Madeleines-Pfirsich-Charlotte

Zubereitungszeit:
35 Minuten, ohne Kühlzeit

Für den Rand und den Boden:
450 g Madeleines Longues (französisches Gebäck)
200 g weiße Kuvertüre
50 g Schlagsahne

Für die Pfirsichcreme:
5 reife Pfirsiche oder 10 abgetropfte Pfirsichhälften (aus der Dose)
2 Pck. Paradiescreme Pfirsich-Geschmack (Dessertpulver)
250 g Schlagsahne
250 g Joghurt

PRO STÜCK:
E: 5 g, F: 19 g, Kh: 36 g, kJ: 1391, kcal: 331, BE: 3,0

1 Für den Rand und den Boden 27–30 Madeleines halbieren (eine Hälfte sollte etwa 5 cm lang sein). Die restlichen Madeleines mit den Händen fein zerbröseln. Von der Kuvertüre etwa 40 g mit einem Messer oder Sparschäler in Spänen abhobeln und zum Garnieren beiseitestellen.

2 Die restliche Kuvertüre in Stücke hacken. Sahne in einen Topf geben und unter Rühren aufkochen lassen. Den Topf von der Kochstelle nehmen. Die Kuvertürestücke zu der heißen Sahne geben und unter Rühren darin auflösen. Die Madeleines-Brösel zu der Schokoladensahne geben. Die Zutaten gut vermischen.

3 Die Schokoladen-Brösel-Masse in eine Springform (Ø 26 cm, Boden gefettet, mit Backpapier belegt) geben und mit einem feuchten Löffel fest zu einem Boden andrücken. Die vorbereiteten Madeleines-Hälften mit der Schnittfläche nach unten und der Wölbung nach außen auf den Schokoladen-Brösel-Boden an den Springformrand stellen. Den vorbereiteten Tortenboden und -rand zugedeckt in den Kühlschrank stellen.

4 Für die Pfirsichcreme die frischen Pfirsiche kreuzweise einschneiden, mit kochendem Wasser übergießen und etwa 30 Sekunden darin liegen lassen. Die Pfirsiche mit kaltem Wasser abschrecken, enthäuten, vierteln und entkernen. Die Pfirsichhälften aus der Dose halbieren.

5 Aus Dessertpulver, Sahne und Joghurt eine Creme nach Packungsanleitung, aber mit den hier angegebenen Zutaten, zubereiten.

6 Die Pfirsichviertel auf dem Tortenboden verteilen, dabei 4 Pfirsichviertel in Spalten schneiden und zum Garnieren beiseitelegen. Die Pfirsichcreme auf die Pfirsiche geben und glatt streichen. Die Madeleines-Pfirsich-Charlotte zugedeckt mindestens 4 Stunden in den Kühlschrank stellen.

7 Die Madeleines-Pfirsich-Charlotte vorsichtig aus der Springform lösen und auf eine Tortenplatte setzen. Die Torte mit den Kuvertürespänen und den beiseitegelegten Pfirsichvierteln garnieren.

TIPP: Die Madeleines-Pfirsich-Charlotte evtl. mit dem Backpapier aus der Springform auf eine Tortenplatte ziehen.

Baisertorte mit Himbeeren

Zubereitungszeit:
40 Minuten, ohne Abkühl- und Antauzeit
Trockenzeit: etwa 60 Minuten

Für die Baiserböden:
- 4 Eiweiß (Größe M, etwa 200 ml)
- 1 Prise Salz
- 180 g Zucker
- 1 Pck. Dr. Oetker Vanillin-Zucker

Für die Füllung und den Belag:
- 1 ½ l Himbeereis
- 250 g Himbeeren

Zum Verzieren und Bestäuben:
- 300 g Schlagsahne
- etwas Puderzucker

PRO STÜCK:
E: 5 g, F: 24 g, Kh: 46 g,
kJ: 1771, kcal: 423, BE: 4,0

1 Auf 2 Bögen Backpapier jeweils einen Kreis (Ø etwa 22 cm) zeichnen. Die vorgezeichneten Bögen jeweils auf ein Backblech legen.

2 Den Backofen vorheizen.
Heißluft: etwa 150 °C

3 Für die Baiserböden Eiweiß mit Salz und 100 g Zucker in einer Rührschüssel mit einem Mixer (Rührstäbe) auf höchster Stufe steif schlagen. Den restlichen Zucker hinzugeben und weitere etwa 4 Minuten schlagen. Der Schnee muss so fest sein, dass ein Messerschnitt sichtbar bleibt. Den Vanillin-Zucker kurz unterschlagen.

4 Zehn Esslöffel der Baisermasse als Tupfen auf die freien Flächen der mit Backpapier belegten Backbleche streichen oder spritzen. Die restliche Baisermasse halbieren. Jeweils die Hälfte der Baisermasse auf die vorgezeichneten Kreise geben und etwa 2 cm dick verstreichen. Die Backbleche zusammen (übereinander) in den vorgeheizten Backofen schieben. Die Baiserböden und -tupfen **etwa 60 Minuten trocknen.**

5 Die Baiserböden und -tupfen mit dem Backpapier von den Backblechen auf Kuchenroste ziehen. Das Baisergebäck erkalten lassen.

6 Für die Füllung und den Belag das Himbeereis antauen lassen. Die Himbeeren verlesen, evtl. kurz abspülen und gut abtropfen lassen.

7 Einen Baiserboden auf eine Tortenplatte legen. Das angetaute Himbeereis evtl. mit einem Mixer (Rührstäbe) kurz cremig schlagen, auf den Baiserboden geben und glatt streichen. Zweiten Baiserboden darauflegen. Baisertupfen an den Tortenrand stellen und vorsichtig andrücken.

8 Zum Verzieren und Bestäuben die Schlagsahne steif schlagen und in einen Spritzbeutel mit Sterntülle (Ø etwa 12 mm) füllen. Die Zwischenräume zwischen den Tupfen und dem oberen äußeren Rand mit der Sahne verzieren. Die Tortenmitte mit den Himbeeren belegen. Die Baisertupfen mit Puderzucker bestäuben. Die Baisertorte sofort servieren oder bis zum Verzehr zugedeckt in das Gefrierfach stellen.

Milchreistorte mit Himbeeren

Zubereitungszeit:
30 Minuten, ohne Quell- und Kühlzeit

Für den Boden:
100 g gehackte Haselnusskerne
150 g kernige Haferflocken
3 EL flüssiger Honig
100 g weiche Butter

Für die Milchreis-Creme:
500 ml Milch
1 Prise Salz
20 g Zucker
1 Pck. Dr. Oetker Vanillin-Zucker
abgeriebene Schale von 1 Bio-Zitrone
125 g Milchreis
3 Blatt weiße Gelatine
250 g Schlagsahne
1 EL Zucker

Für den Belag:
500 g Himbeeren
1 Pck. ungezuckerter Tortenguss, klar
2 EL Zucker
250 ml Wasser

1 EL gehackte Pistazienkerne

PRO STÜCK:
E: 5 g, F: 16 g, Kh: 24 g,
kJ: 1092, kcal: 261, BE: 2,0

1 Für den Boden Nusskerne und Haferflocken in einer Pfanne ohne Fett unter Wenden goldbraun rösten. Die Pfanne von der Kochstelle nehmen. Honig und Butter in Flöckchen hinzugeben. Die Zutaten so lange verrühren, bis die Butter geschmolzen ist.

2 Die Haferflocken-Nuss-Masse in eine Springform geben (Ø 26 cm, Boden gefettet, mit Backpapier belegt) und mit einem Löffel fest zu einem Boden andrücken. Den Haferflocken-Nuss-Boden zugedeckt eine Zeit lang in den Kühlschrank stellen.

3 Für die Milchreis-Creme Milch mit Salz, Zucker, Vanillin-Zucker und Zitronenschale in einem Topf zum Kochen bringen. Den Milchreis hinzugeben, unterrühren, zum Kochen bringen und mit halb aufgelegtem Deckel bei schwacher Hitze etwa 35 Minuten quellen lassen. Dabei gelegentlich umrühren.

4 Gelatine nach Packungsanleitung einweichen. Gelatine leicht ausdrücken und in dem lauwarmen Milchreis unter Rühren auflösen. Den Milchreis auf Zimmertemperatur abkühlen lassen, dabei ab und zu umrühren.

5 Sahne mit Zucker steif schlagen und unter den Milchreis heben. Die Milchreis-Creme auf den Haferflocken-Nuss-Boden geben und glatt streichen. Die Milchreistorte zugedeckt mindestens 2 Stunden in den Kühlschrank stellen.

6 Für den Belag die Himbeeren verlesen, evtl. kurz abspülen und gut abtropfen lassen. Die Milchreistorte mit den Himbeeren belegen.

7 Aus Tortengusspulver, Zucker und Wasser einen Guss nach Packungsanleitung zubereiten. Den Guss auf den Himbeeren verteilen. Die Milchreistorte nochmals zugedeckt etwa 1 Stunde in den Kühlschrank stellen.

8 Die Milchreistorte vorsichtig aus der Form lösen. Das Backpapier entfernen und die Milchreistorte auf eine Tortenplatte setzen. Die Milchreistorte mit gehackten Pistazienkernen bestreuen.

Spekulatius-Reis-Torte

Zubereitungszeit:
55 Minuten, ohne Kühl- und Abkühlzeit

Für den Spekulatiusboden:
- 100 g Spekulatius
- 125 g Butter
- 50 g Zucker
- 100 g gehobelte Mandeln

Für die Füllung:
- 1 Glas Sauerkirschen (Abtropfgewicht 350 g)
- 6 Blatt weiße Gelatine
- 1 Pck. Milchreis nach klassischer Art
- 400 ml heiße Milch
- 500 g Schlagsahne
- 2 EL Rum

Für den Guss:
- 1 Pck. Tortenguss, rot
- 30 g Zucker
- 250 ml Kirschsaft aus dem Glas

- 125 g Schlagsahne
- einige Spekulatius

PRO STÜCK:
E: 5 g, F: 25 g, Kh: 31 g, kJ: 1629, kcal: 372, BE: 2,5

1 Für den Boden Spekulatius in einen Gefrierbeutel geben. Den Beutel verschließen. Spekulatius mit einer Teigrolle fein zerbröseln. Butter zerlassen, mit dem Zucker und den Mandeln zu den Gebäckbröseln geben und gut verrühren.

2 Einen Springformrand (Ø 26 cm) auf eine mit Tortenspitze oder Backpapier belegte Tortenplatte stellen. Die Bröselmasse darin gleichmäßig verteilen und mit einem Löffel gut zu einem Boden andrücken. Tortenboden kalt stellen.

3 Für die Füllung Sauerkirschen auf einem Sieb abtropfen lassen, dabei den Saft auffangen und 250 ml abmessen. Gelatine nach Packungsanleitung einweichen.

4 Dann den Milchreis mit der heißen Milch nach Packungsanleitung zubereiten. Eingeweichte Gelatine leicht ausdrücken und in dem heißen Milchreis unter Rühren auflösen. Den Reis erkalten lassen. Sahne steif schlagen und mit dem Rum unter den Reis heben.

5 Die Hälfte der Reis-Sahne-Creme auf dem Bröselboden verteilen. Zwei Drittel der Kirschen darauflegen. Restliche Reis-Sahne-Masse darauf verteilen. Die Torte etwa 1 Stunde in den Kühlschrank stellen.

6 Die Tortenoberfläche mit den restlichen Sauerkirschen belegen. Aus Tortengusspulver, Zucker und Saft einen Guss nach Packungsanleitung zubereiten. Den Guss auf der Tortenoberfläche verteilen. Die Torte nochmals 2 Stunden in den Kühlschrank stellen. Springformrand lösen und entfernen.

7 Zum Verzieren und Garnieren Sahne steif schlagen. Die Sahne in kleinen Häufchen auf die Tortenoberfläche setzen und mit halbierten Spekulatius garnieren.

Apfelcremetorte

Zubereitungszeit:
60 Minuten, ohne Abkühl- und Kühlzeit

Für den Boden:
- 125 g Löffelbiskuits
- 75 g abgezogene, gemahlene Mandeln
- 125 g Butter

Für die Füllung:
- 1 Pck. gemahlene Gelatine, weiß
- 4 EL kaltes Wasser
- 150 g Joghurt
- 6 EL Zucker
- 1 Pck. Dr. Oetker Vanillin-Zucker
- Saft von 1 Zitrone
- 1 kleines Glas feines Apfelmus (Einwaage etwa 300 g)
- 500 g Schlagsahne

Für den Belag:
- 300 g Äpfel mit roter Schale
- 250 ml Apfelsaft, klar

Für den Guss:
- 1 Pck. Tortenguss, klar
- 250 ml Apfelsaft, klar von den Apfelspalten
- 1 EL Zucker

PRO STÜCK:
E: 4 g, F: 26 g, Kh: 25 g,
kJ: 1534, kcal: 367, BE: 2,0

1 Für den Boden Löffelbiskuits in einen Gefrierbeutel geben und den Beutel verschließen. Löffelbiskuits mit einer Teigrolle fein zerbröseln. Die Biskuitbrösel mit den Mandeln in eine Rührschüssel geben. Butter zerlassen, zu der Brösel-Mandel-Mischung geben und gut verrühren.

2 Einen Springformrand (Ø 26 cm) auf eine mit Tortenspitze oder Backpapier belegte Tortenplatte stellen. Die Bröselmasse darin gleichmäßig verteilen und mit einem Löffel gut zu einem Boden andrücken. Tortenboden kalt stellen.

3 Für die Füllung Gelatine mit kaltem Wasser in einem kleinen Topf anrühren und 10 Minuten quellen lassen. Joghurt mit Zucker, Vanillin-Zucker, Zitronensaft und Apfelmus verrühren. Gelatine unter Rühren erwärmen, bis sie völlig gelöst ist. Gelatine mit etwa 2 Esslöffeln der Joghurt-Apfelmus-Masse verrühren, dann unter die restliche Joghurt-Apfelmus-Masse rühren. Kalt stellen.

4 Sahne steif schlagen. Wenn die Masse anfängt dicklich zu werden, Sahne unterheben. Die Creme auf den Bröselboden geben und glatt streichen. Die Torte etwa 2 Stunden in den Kühlschrank stellen.

5 Für den Belag Äpfel mit Schale waschen, abtrocknen, vierteln und entkernen. Apfelviertel mit Schale in Spalten schneiden. Den Apfelsaft in einem Topf zum Kochen bringen. Apfelspalten hinzugeben und aufkochen lassen. Apfelspalten in dem Apfelsaft erkalten lassen.

6 Apfelspalten auf einem Sieb abtropfen lassen, dabei den Saft auffangen und 250 ml abmessen. Die Apfelspalten auf der Tortenoberfläche verteilen.

7 Für den Guss aus Tortengusspulver, Apfelsaft und Zucker einen Guss nach Packungsanleitung zubereiten. Den Guss auf den Apfelspalten verteilen. Die Torte in den Kühlschrank stellen.

Schoko-Ananasquark-Torte

Zubereitungszeit:
25 Minuten, ohne Kühlzeit

Für den Boden:
150 g Zartbitter-Schokolade
25 g Butter oder Margarine
150 g Schokoladen-Reis-Flakes

Für den Belag:
10–12 Blatt weiße Gelatine
500 g Magerquark
150 g Ananas-Joghurt
100 g Zucker
1 Pck. Dr. Oetker Vanillin-Zucker
abgeriebene Schale von 1 Bio-Zitrone
2 EL Zitronensaft
430 g Ananasraspel (aus der Dose)
200 g Schlagsahne

Zum Verzieren und Garnieren:
200 g Schlagsahne
1 Pck. Dr. Oetker Sahnesteif
2–3 EL Schokoladen-Reis-Flakes
50 g Zartbitter-Schokolade

PRO STÜCK:
E: 10 g, F: 19 g, Kh: 47 g,
kJ: 1678, kcal: 400, BE: 4,0

1 Für den Boden Schokolade in Stücke brechen und mit der Butter oder Margarine in einem kleinen Topf im Wasserbad bei schwacher Hitze unter Rühren schmelzen. Die Schokoladen-Reis-Flakes im Blitzhacker fein zerbröseln und unter die Schokoladen-Fett-Mischung rühren.

2 Einen Tortenring oder Springformrand (Ø 26 cm) auf eine mit Tortenspitze oder Backpapier belegte Tortenplatte stellen. Die Schokoladen-Reis-Flakes-Masse darin gleichmäßig verteilen und mit einem Löffel fest zu einem Boden andrücken. Den Tortenboden zugedeckt in den Kühlschrank stellen.

3 Für den Belag Gelatine nach Packungsanleitung einweichen. Quark mit Joghurt, Zucker, Vanillin-Zucker, Zitronenschale und -saft gut verrühren. Ananasraspel mit dem Saft aus der Dose unterrühren. Die eingeweichte Gelatine leicht ausdrücken und in einem kleinen Topf bei schwacher Hitze unter Rühren auflösen. Die aufgelöste Gelatine zunächst mit etwa 3 Esslöffeln von der Quark-Ananas-Masse verrühren, dann unter die restliche Quark-Ananas-Masse rühren und in den Kühlschrank stellen.

4 Sobald die Masse anfängt dicklich zu werden, Sahne steif schlagen und unterheben. Die Quark-Ananas-Creme auf den Schokoladen-Reis-Flakes-Boden geben und glatt streichen. Torte zugedeckt 1–2 Stunden in den Kühlschrank stellen. Den Tortenring oder Springformrand vorsichtig lösen und entfernen.

5 Zum Verzieren und Garnieren Sahne mit Sahnesteif steif schlagen und in einen Spritzbeutel mit Sterntülle füllen. Die Tortenoberfläche mit Sahnetuffs verzieren und mit Schokoladen-Reis-Flakes bestreuen.

6 Schokolade wie unter Punkt 1 beschrieben schmelzen und in einen Gefrierbeutel füllen. Eine kleine Ecke abschneiden und die Tortenoberfläche mit der Schokolade besprenkeln. Die Torte bis zum Servieren zugedeckt in den Kühlschrank stellen.

Pawlowa-Torte

Zubereitungszeit:
50 Minuten, ohne Kühlzeit
Backzeit: etwa 10 Minuten
Trockenzeit: etwa 60 Minuten

Für den Baiserboden:
5 Eiweiß (Größe M, etwa 150 ml)
300 g feinster Kristallzucker

Für die Füllung:
750 g Erdbeeren
80 g Zucker
1 Pck. Dr. Oetker Vanillin-Zucker
8 Blatt weiße Gelatine
750 g Schlagsahne

Zum Bestäuben:
etwas Puderzucker

PRO STÜCK:
E: 4 g, F: 20 g, Kh: 38 g,
kJ: 1485, kcal: 355, BE: 3,0

1 Ein Backblech (gefettet) mit einem Stück Backpapier belegen. Einen Kreis (Ø etwa 24 cm) daraufzeichnen. Den Backofen vorheizen. Ober-/Unterhitze: etwa 160 °C, Heißluft: etwa 140 °C

2 Für den Boden Eiweiß und 200 g Zucker in einer Rührschüssel mit einem Mixer (Rührstäbe) auf höchster Stufe etwa 5 Minuten aufschlagen. Den restlichen Zucker einrieseln lassen und weitere etwa 3 Minuten schlagen. Etwa 4 Esslöffel von der Baisermasse auf den aufgezeichneten Kreis geben und glatt streichen.

3 Restliche Baisermasse in einen Spritzbeutel mit großer Sterntülle füllen. Etwa 30 etwa 4 cm hohe Tupfen dicht an dicht an den Rand des Kreises spritzen. Das Backblech in den vorgeheizten Backofen schieben. Den Baiserboden **etwa 10 Minuten backen.** Nach der angegebenen Backzeit die Backofentemperatur um etwa 60 °C herunterschalten. Den Baiserboden **etwa 60 Minuten trocknen lassen.**

4 Den Baiserboden mit dem Backpapier vom Backblech auf einen Kuchenrost ziehen und erkalten lassen.

5 Für die Füllung Erdbeeren abspülen, gut abtropfen lassen und entstielen. Etwa 300 g Erdbeeren halbieren und auf den Baiserboden legen. 8–10 Erdbeeren zum Garnieren beiseitelegen. Die restlichen Erdbeeren vierteln, mit Zucker und Vanillin-Zucker bestreuen und mit einer Gabel zerdrücken.

6 Gelatine nach Packungsanleitung einweichen. Gelatine leicht ausdrücken und in einem kleinen Topf bei schwacher Hitze unter Rühren auflösen. Das Erdbeerpüree und etwa 1 Esslöffel Sahne unterrühren. Die Erdbeer-Gelatine-Masse kurz in den Kühlschrank stellen.

7 Sobald die Erdbeer-Gelatine-Masse anfängt dicklich zu werden, Sahne steif schlagen und unterheben. Die Erdbeer-Sahne-Creme auf die Erdbeeren geben und grob verstreichen. Die Pawlowa-Torte zugedeckt etwa 1 ½ Stunden in den Kühlschrank stellen.

8 Die beiseitegelegten Erdbeeren halbieren. Die Tortenoberfläche mit den Erdbeerhälften garnieren und mit Puderzucker bestäuben.

Zitronentorte

Zubereitungszeit:
45 Minuten, ohne Kühlzeit

Zum Tränken:
200 ml Wasser
100 g Zucker
4 EL Orangensaft

Für die Füllung:
1 Pck. Dr. Oetker Pudding-Pulver Vanille-Geschmack
150 g Zucker
750 ml Milch
200 ml Zitronensaft
2 Eigelb (Größe M)
abgeriebene Schale von 1 Bio-Zitrone

3 Lagen von 1 hellen Wiener Boden (Ø 26 cm)

Für die Buttercreme:
250 g weiche Butter

Zum Verzieren und Garnieren:
200 g gehobelte Mandeln
1 Bio-Zitrone

PRO STÜCK:
E: 9 g, F: 31 g, Kh: 54 g,
kJ: 2247, kcal: 537, BE: 4,5

1 Zum Tränken Wasser mit Zucker in einen Topf geben und unter Rühren aufkochen lassen. Die Mischung etwas einkochen lassen. Orangensaft unterrühren.

2 Für die Füllung aus Pudding-Pulver, Zucker und Milch einen Pudding nach Packungsanleitung, aber mit den hier angegebenen Zutaten, zubereiten. Zitronensaft, Eigelb und Zitronenschale in den von der Kochstelle genommenen Pudding rühren. Anschließend alles nochmals gut aufkochen lassen. Den Topf von der Kochstelle nehmen. Den Zitronen-Pudding in 4 Portionen teilen.

3 Den unteren Wiener Boden auf eine Tortenplatte legen und mit der Hälfte der Saftmischung beträufeln. Ein Viertel der noch heißen Puddingmasse daraufgeben und glatt streichen. Den mittleren Wiener Boden drauflegen und mit der restlichen Saftmischung beträufeln. Ein weiteres Viertel der Puddingmasse daraufgeben, glatt streichen und mit dem oberen Wiener Boden bedecken.

4 Sofort Frischhaltefolie direkt auf die restliche Puddingmasse legen. Puddingmasse auf Zimmertemperatur abkühlen lassen.

5 Für die Buttercreme Butter in einer Rührschüssel mit einem Mixer (Rührstäbe) auf höchster Stufe geschmeidig rühren. Die restliche Puddingmasse nach und nach unterrühren. Dabei darauf achten, dass Butter und Puddingmasse Zimmertemperatur haben, da die Masse sonst gerinnt.

6 Tortenoberfläche und -rand mit der Hälfte der Buttercreme bestreichen. Die restliche Buttercreme in einen Spritzbeutel mit Sterntülle füllen. Die Torte damit verzieren.

7 Zum Verzieren und Garnieren die Mandeln in einer Pfanne ohne Fett unter Wenden goldbraun rösten und auf einen Teller geben. Zitrone heiß abspülen und abtrocknen. Mit einem Zestenreißer die Schale in dünnen Zesten abreißen.

8 Die Tortenoberfläche und den Tortenrand mit den Mandel bestreuen. Die Buttercremetuffs mit den Zitronenzesten garnieren.

TIPP: Zum Tränken den Orangensaft durch Orangenlikör ersetzen.

Stachelbeertorte mit Dickmilch

Zubereitungszeit:
40 Minuten, ohne Kühlzeit

Für den Boden:
250 g Cantuccini
(ital. Mandelgebäck)
120 g weiche Butter

Für die Dickmilchcreme:
7 Blatt weiße Gelatine
60 ml Stachelbeersaft
(aus dem Glas)
50 g Zucker
1 Pck. Dr. Oetker Finesse
Geriebene Zitronenschale
500 g Dickmilch
300 g Schlagsahne
2 EL rosa Pfefferbeeren

360 g abgetropfte Stachelbeeren (aus dem Glas)

PRO STÜCK:
E: 5 g, F: 18 g, Kh: 24 g,
kJ: 1163, kcal: 278, BE: 2,0

1 Für den Boden Cantuccini in einen Gefrierbeutel geben. Den Beutel fest verschließen. Die Cantuccini mit einer Teigrolle fein zerbröseln. Butter in einer Rührschüssel mit einem Mixer (Rührstäbe) auf höchster Stufe schaumig schlagen. Die Cantuccinibrösel hinzugeben und mit der Butter gut verrühren.

2 Die Bröselmasse in eine Springform (Ø 26 cm, Boden gefettet, mit Backpapier belegt) geben und mit einem Löffel fest zu einem Boden andrücken. Den Bröselboden zugedeckt in den Kühlschrank stellen.

3 Für die Dickmilchcreme Gelatine nach Packungsableitung einweichen. Den Stachelbeersaft in einem kleinen Topf bei schwacher Hitze erwärmen. Die Gelatine leicht ausdrücken und darin unter Rühren auflösen. Zucker, Zitronenschale und Dickmilch hinzufügen und gut verrühren.

4 Sobald die Dickmilchmischung anfängt dicklich zu werden, Sahne mit einem Mixer (Rührstäbe) steif schlagen und zusammen mit 1 Esslöffel der Pfefferkörner unterheben. Die Dickmilchcreme auf den Bröselboden geben und glatt streichen. Die Torte mit Stachelbeeren belegen und mit den restlichen Pfefferbeeren bestreuen. Stachelbeertorte zugedeckt etwa 3 Stunden in den Kühlschrank stellen.

TIPP: Sie können die Stachelbeertorte mit Tortenguss überziehen und mit Mandeln bestreuen. Dafür 50 g gehobelte Mandeln in einer Pfanne ohne Fett unter Wenden goldbraun rösten und auf einen Teller geben. Aus 2 Teelöffeln ungezuckertem Tortengusspulver (klar) und 150 ml Stachelbeersaft (aus dem Glas) einen Guss nach Packungsanleitung, aber mit den hier angegebenen Mengen und ohne Zucker, zubereiten. Den Guss auf den Stachelbeeren verteilen und erst dann mit den restlichen Pfefferbeeren und den Mandeln bestreuen.

Schokopfeffer-Kuchen

Zubereitungszeit:
40 Minuten, ohne Kühlzeit
Backzeit: etwa 50 Minuten

Für den Rührteig:
- 125 g weiche Butter oder Margarine
- 125 g Zucker
- 1 Pck. Dr. Oetker Bourbon-Vanille-Zucker
- 1/2 TL gemahlene, bunte Pfefferkörner
- 8 Eigelb (Größe M)
- 300 g gemahlene Haselnusskerne
- 50 g gehackte Haselnusskerne
- 1 gestr. TL Dr. Oetker Backin
- 2 EL Rum
- 8 Eiweiß (Größe M)
- 1 Prise Salz
- 1 TL Zucker

Zum Bestreichen:
- 100 g Kirschkonfitüre

Für den Guss und zum Bestreuen:
- 200 g Zartbitter-Schokolade (mindestens 50 % Kakaoanteil)
- 2 TL Olivenöl
- 1 TL bunte Pfefferkörner

PRO STÜCK:
E: 7 g, F: 28 g, Kh: 21 g,
kJ: 1537, kcal: 367, BE: 2,0

1 Den Backofen vorheizen.
Ober-/Unterhitze: etwa 180 °C, Heißluft: etwa 160 °C

2 Für den Teig Butter oder Margarine in einer Rührschüssel mit einem Mixer (Rührstäbe) geschmeidig rühren. Nach und nach Zucker, Vanillin-Zucker und Pfefferkörner unterrühren. So lange rühren, bis eine gebundene Masse entstanden ist.

3 Jedes Eigelb knapp 1/2 Minute unterrühren. Haselnusskerne mit Backpulver mischen, abwechselnd in 2 Portionen mit dem Rum auf mittlerer Stufe unterrühren. Eiweiß mit Salz und Zucker steif schlagen und unter den Teig heben. Den Teig in eine Napfkuchenform (Ø 24 cm, gefettet, bemehlt) geben und glatt streichen. Die Form auf dem Rost in den vorgeheizten Backofen schieben. Den Kuchen **etwa 50 Minuten backen.**

4 Die Form auf einen Kuchenrost stellen. Den Kuchen etwa 5 Minuten in der Form stehen lassen, dann aus der Form lösen und auf einen mit Backpapier belegten Kuchenrost stürzen.

5 Zum Bestreichen Konfitüre durch ein Sieb streichen und in einem kleinen Topf erwärmen. Die Konfitüre mithilfe eines Backpinsels auf den noch warmen Kuchen streichen. Den Kuchen erkalten lassen.

6 Für den Guss und zum Bestreuen Schokolade in Stücke brechen und mit Olivenöl in einem kleinen Topf im heißen Wasserbad bei schwacher Hitze unter Rühren schmelzen. Pfefferkörner im Mörser oder mit einem Messerrücken grob zerkleinern. Drei Viertel der Schokoladenmasse auf dem Kuchen verteilen und mit einem Teil des Pfeffers bestreuen. Restliche Schokoladenmasse in Form von kleinen Talern (Ø etwa 3 cm) auf Backpapier setzen und mit dem restlichen Pfeffer bestreuen. Schokolade fest werden lassen.

7 Die Schokoladentaler auf den Kuchen in die noch nicht fest gewordene Schokoladenmasse legen. Schokolade fest werden lassen.

TIPP: Für den Teig die gemahlenen und gehackten Haselnusskerne in einer Pfanne ohne Fett unter Rühren leicht bräunen, herausnehmen und auf einem Teller erkalten lassen. Statt der bunten Pfefferkörner nur rosa Pfefferbeeren verwenden. Dann jedoch 2 Teelöffel davon nehmen. Der Schokopfeffer-Kuchen kann auch in einer Springform (Ø 26 cm, mit Backpapier belegt) gebacken werden.

Rote-Bete-Kuchen, gefüllt

Zubereitungszeit:
40 Minuten, ohne Kühlzeit
Backzeit: 45–50 Minuten

Für den All-in-Teig:
- 100 g gekochte Rote Bete (vakuumverpackt)
- 200 g Weizenmehl
- 2 gestr. TL Dr. Oetker Backin
- 150 g Zucker
- 1 Pck. Dr. Oetker Vanillin-Zucker
- 1 TL abgeriebene Schale von 1 Bio-Zitrone
- 125 ml Buttermilch
- 2 Eier (Größe M)
- 125 ml Speiseöl
- 50 g Zartbitter- oder Vollmilch-Raspelschokolade

Für die Füllung:
- 200 g Schmand (Sauerrahm, 24 % Fett)
- 1 TL Zitronensaft
- 3 EL Rote-Bete-Saft
- 1 Pck. Sahnesteif
- 30 g Zucker

Zum Verzieren:
- 50 g Zartbitter-Schokolade
- ½ TL Speiseöl

PRO STÜCK:
E: 3 g, F: 12 g, Kh: 23 g,
kJ: 897, kcal: 214, BE: 2,0

1 Für den Teig Rote Bete aus der Packung nehmen, den Saft auffangen. Rote Bete auf einer Haushaltsreibe fein raspeln, auf ein Sieb geben und abtropfen lassen. Den Saft ebenfalls auffangen.

2 Den Backofen vorheizen.
Ober-/Unterhitze: etwa 180 °C, Heißluft: etwa 160 °C

3 Mehl mit Backpulver in einer Rührschüssel mischen. Zucker, Vanillin-Zucker, Zitronenschale, Buttermilch, Eier und Speiseöl hinzufügen. Die Zutaten mit einem Mixer (Rührstäbe) zunächst kurz auf niedrigster, dann auf höchster Stufe in etwa 2 Minuten zu einem glatten Teig verarbeiten. Geraspelte Rote Bete und Raspelschokolade unterrühren.

4 Den Teig in eine Rehrückenform (30 x 11 cm, gefettet, bemehlt) geben und glatt streichen. Die Form auf dem Rost in den vorgeheizten Backofen schieben. Den Kuchen **45–50 Minuten backen.**

5 Die Form auf einen Kuchenrost stellen. Den Kuchen etwa 5 Minuten in der Form stehen lassen, dann aus der Form lösen und auf einen mit Backpapier belegten Kuchenrost stürzen. Kuchen erkalten lassen und einmal waagerecht durchschneiden. Den unteren Boden auf eine Tortenplatte legen.

6 Für die Füllung Schmand mit Zitronensaft und Rote-Bete-Saft in einer Rührschüssel verrühren. Sahnesteif mit Zucker mischen und hinzugeben. Die Schmandmasse cremig aufschlagen. Zwei Drittel der Masse auf dem unteren Boden verteilen. Den oberen Boden darauflegen.

7 Restliche Schmandmasse in einen Spritzbeutel mit kleiner Lochtülle füllen. Die Kuchenoberfläche damit verzieren und etwa 1 Stunde in den Kühlschrank stellen.

8 Zum Verzieren Schokolade in Stücke brechen und mit Speiseöl in einem kleinen Topf im heißen Wasserbad bei schwacher Hitze unter Rühren schmelzen. Schokolade etwas abkühlen lassen. Den Kuchen mit der Schokolade verzieren. Schokolade fest werden lassen.

TIPP: Der Kuchen kann auch in einer Kastenform (25 x 11 cm) gebacken werden. Sollte die Farbe für die Füllung nicht kräftig genug sein, einige Tropfen rote Lebensmittelfarbe unterrühren.

Süßkartoffelkuchen mit Avocado

Zubereitungszeit:
50 Minuten, ohne Abkühlzeit
Backzeit: etwa 40 Minuten

Zum Vorbereiten:
100 g Avocado-Fruchtfleisch (von etwa ½ Avocado)
1 EL Limettensaft

Für den Rührteig:
125 g weiche Butter oder Margarine
150 g brauner Zucker (Rohrzucker)
1 Pck. Dr. Oetker Bourbon-Vanille-Zucker
1 Msp. gemahlener Zimt
2 Eier (Größe M)
325 g Weizenmehl
2 gestr. TL Dr. Oetker Backin
200 g grob geraspelte Süßkartoffeln
75 g gehackte, getrocknete Datteln
75 g gehackte Walnusskerne

Zum Bestreichen und für den Belag:
etwa 3 EL Limettengelee
einige Datteln

Für die Avocadosahne:
75 g Avocado-Fruchtfleisch
1 EL Limettensaft
125 g Schlagsahne
1 Pck. Dr. Oetker Bourbon-Vanille-Zucker

PRO STÜCK:
E: 3 g, F: 11 g, Kh: 25 g,
kJ: 862, kcal: 206, BE: 2,0

1 Den Backofen vorheizen.
Ober-/Unterhitze: etwa 180 °C, Heißluft: etwa 160 °C

2 Zum Vorbereiten das Avocado-Fruchtfleisch mit dem Limettensaft pürieren.

3 Für den Teig Butter oder Margarine in einer Rührschüssel mit einem Mixer (Rührstäbe) geschmeidig rühren. Nach und nach Zucker, Vanille-Zucker und Zimt unterrühren. So lange rühren, bis eine gebundene Masse entstanden ist. Avocadopüree hinzugeben.

4 Jedes Ei etwa ½ Minute unterrühren. Mehl und Backpulver mischen, in 2 Portionen auf mittlerer Stufe unterrühren. Süßkartoffelraspel, Datteln und Walnusskerne unter den Teig heben. Den Teig in eine rechteckige Tarteform (21 x 28 cm, gefettet) geben und glatt streichen. Die Form auf dem Rost in den vorgeheizten Backofen schieben. Den Kuchen **etwa 40 Minuten backen.**

5 Den Kuchen aus der Form lösen und auf einen mit Backpapier belegten Kuchenrost legen.

6 Zum Bestreichen und für den Belag Gelee verrühren. Den heißen Kuchen damit bestreichen. Mit Dattelstücken belegen. Kuchen erkalten lassen.

7 Für die Avocadosahne Avocado-Fruchtfleisch mit Limettensaft pürieren. Sahne mit Vanille-Zucker steif schlagen. Avocadopüree unterrühren. Die Avocadosahne zu dem Kuchen reichen.

TIPP: Der Kuchen kann auch auf einem Backblech mit Backrahmen (25 x 25 cm, gefettet) oder in einer runden Tarteform (Ø 28 cm, gefettet) zubereitet und gebacken werden. Den Kuchen zusätzlich mit Süßkartoffelstreifen garnieren. Dafür 100 g geschälte Süßkartoffelstreifen in 2 Esslöffeln Limettengelee kurz dünsten und erkalten lassen. Kuchenoberfläche damit garnieren (Foto).

Apfel-Zitronen-Kuchen

Zubereitungszeit:
60 Minuten, ohne Abkühlzeit
Backzeit: etwa 60 Minuten

Für die Zitronencreme:
- 4–6 Zitronen, davon 3 Bio-Zitronen
- 150 g Zucker
- 30 g Speisestärke
- 3 EL Wasser
- 2 Eigelb (Größe M)

- 800 g Äpfel, z. B. Elstar
- etwas Zitronensaft zum Beträufeln

Für den Rührteig:
- 250 g weiche Butter oder Margarine
- 180 g Zucker
- 1 Pck. Dr. Oetker Vanillin-Zucker
- 4 Eier (Größe M)
- 2 Eiweiß (Größe M)
- 300 g Weizenmehl
- 2 gestr. TL Dr. Oetker Backin

- 50 g Zucker
- 30 g Puderzucker

PRO STÜCK:
E: 5 g, F: 16 g, Kh: 47 g,
kJ: 1470, kcal: 352, BE: 4,0

1 Für die Creme Bio-Zitronen heiß abwaschen, abtrocknen und die Schale abreiben. Alle Zitronen halbieren und den Saft auspressen. Von dem Zitronensaft 200 ml abmessen, mit Wasser auf 300 ml auffüllen und in einen Topf geben. Zitronenschale und Zucker unterrühren. Den Saft unter Rühren zum Kochen bringen.

2 Speisestärke mit Wasser anrühren. Angerührte Speisestärke in den von der Kochstelle genommenen Saft rühren und unter Rühren aufkochen lassen. Den Topf von der Kochstelle nehmen. Eigelb verquirlen und in die heiße Sauce rühren. Die Zitronencreme etwas abkühlen lassen.

3 Äpfel schälen, vierteln und entkernen. Apfelviertel nochmals längs durchschneiden. Mit Zitronensaft beträufeln.

4 Den Backofen vorheizen.
Ober-/Unterhitze: etwa 180 °C, Heißluft: etwa 160 °C

5 Für den Teig Butter oder Margarine in einer Rührschüssel mit einem Mixer (Rührstäbe) geschmeidig rühren. Nach und nach Zucker und Vanillin-Zucker unterrühren. So lange rühren, bis eine gebundene Masse entstanden ist.

6 Jedes Ei/Eiweiß etwa 1/2 Minute unterrühren. Mehl mit Backpulver mischen und in 2 Portionen auf mittlerer Stufe unterrühren.

7 Den Teig in eine Springform (Ø 28 cm, mit Backpapier belegt) geben und glatt streichen, dabei einen dünnen Teigrand mit einem Löffel etwa 1 cm am Rand hochziehen, damit die Füllung nicht ausläuft. Die Zitronencreme auf dem Teig verteilen und glatt streichen. Die Apfelspalten darauflegen und mit Zucker bestreuen.

8 Die Form auf dem Rost in den vorgeheizten Backofen schieben. Den Kuchen **etwa 60 Minuten backen.**

9 Die Form auf einen Kuchenrost stellen. Den Kuchen etwa 15 Minuten in der Form stehen lassen, dann aus der Form lösen und auf einem Kuchenrost erkalten lassen. Den Kuchen mit Puderzucker bestäuben.

Roter Stricknadelkuchen

Zubereitungszeit:
35 Minuten,
ohne Durchziehzeit
Backzeit: etwa 40 Minuten

Für den Rührteig:
75 g Kokosraspel
200 g weiche Butter
oder Margarine
150 g Zucker
1 Pck. Dr. Oetker Vanillin-Zucker
1 Prise Salz
4 Eier (Größe M)
200 g Weizenmehl
2 gestr. TL Dr. Oetker Backin
1 kleine Dose Kokosmilch
(165 ml)

2 EL (etwa 15 g) Kokosraspel
für die Form

Zum Tränken:
30 g brauner Zucker
175 ml Grenadinesirup
2 EL Zitronensaft

Für den Belag:
Granatapfelkerne
(von etwa 1/2 Granatapfel)

PRO STÜCK:
E: 5 g, F: 24 g, Kh: 39 g,
kJ: 1627, kcal: 389, BE: 3,5

1 Den Backofen vorheizen.
Ober-/Unterhitze: etwa 180 °C, Heißluft: etwa 160 °C

2 Für den Teig Kokosraspel in einem Blitzhacker oder Mixer zerkleinern. Butter oder Margarine in einer Rührschüssel mit einem Mixer (Rührstäbe) geschmeidig rühren. Nach und nach Zucker, Vanillin-Zucker und Salz unterrühren. So lange rühren, bis eine gebundene Masse entstanden ist.

3 Jedes Ei etwa 1/2 Minute unterrühren. Mehl mit Backpulver und den Kokosraspeln mischen, abwechselnd in 2 Portionen mit der Kokosmilch kurz auf mittlerer Stufe unterrühren. Den Teig in eine Springform (Ø 26 cm, gefettet, mit Kokosraspeln ausgestreut) geben und glatt streichen.

4 Die Form auf dem Rost in den vorgeheizten Backofen schieben. Den Kuchen **etwa 40 Minuten backen.**

5 Die Form auf einen Kuchenrost stellen. In die Kuchenoberfläche sofort mit einer dicken Stricknadel beliebig viele Löcher einstechen. Den Springformrand lösen, jedoch nicht entfernen. Den Kuchen erkalten lassen. Die Löcher nochmals nachstechen. Den Kuchen aus der Form lösen und auf eine Tortenplatte legen.

6 Zum Tränken Zucker in einem Topf karamellisieren. Sirup und Zitronensaft hinzugeben, zum Kochen bringen und so lange kochen lassen, bis sich der Zucker gelöst hat. Den Kuchen nach und nach mit der heißen Sirupmasse (bis auf 3 Esslöffel) tränken.

7 Für den Belag Granatapfelkerne zu der restlichen Sirupmasse (etwa 3 Esslöffel) geben und nochmals kurz erwärmen. Die Masse auf der Kuchenoberfläche verteilen. Den Stricknadelkuchen mehrere Stunden durchziehen lassen.

TIPP: Zu dem Kuchen eine Kokossahne reichen. Dafür 200 g Schlagsahne mit je 1 Päckchen Dr. Oetker Sahnesteif und Vanillin-Zucker steif schlagen. 25 g Kokosraspel fein mahlen und unter die Sahne heben. Ohne Granatapfelkerne ist der Kuchen gekühlt 2–3 Tage haltbar.

Schokoladen-Dattel-Kuchen

Zubereitungszeit: 50 Minuten
Backzeit: etwa 50 Minuten

Zum Vorbereiten:
200 g abgezogene, gemahlene Mandeln
80 g Speisestärke
150 g getrocknete Datteln
200 g Zartbitter-Kuvertüre
250 g weiche Butter

7 Eigelb (Größe L)
150 g Zucker
30 ml starker Espresso
7 Eiweiß (Größe L)
1 Prise Salz

Zum Bestäuben:
Kakaopulver

PRO STÜCK:
E: 7 g, F: 27 g, Kh: 27 g,
kJ: 1576, kcal: 377, BE: 2,0

1 Zum Vorbereiten Mandeln mit Speisestärke vermischen. Datteln entsteinen und grob hacken. Kuvertüre in Stücke hacken und mit der Butter in einer Edelstahlschüssel im heißen Wasserbad bei schwacher Hitze unter Rühren schmelzen. Die Schüssel aus dem Wasserbad nehmen.

2 Den Backofen vorheizen.
Ober-/Unterhitze: etwa 160 °C, Heißluft: etwa 140 °C

3 Eigelb mit 50 g Zucker und Espresso in eine zweite Edelstahlschüssel geben und mit einem Mixer (Rührstäbe) im heißen Wasserbad schaumig schlagen. Den Eigelbschaum unter die geschmolzene Schokolade rühren.

4 Eiweiß mit Salz in einer Rührschüssel mit einem Mixer (Rührstäbe) steif schlagen. Restlichen Zucker (100 g) hinzugeben und weitere etwa 4 Minuten schaumig schlagen. Die Hälfte des Eischnees mit den vorbereiteten Datteln und der Mandelmischung unter die Schokoladenbutter rühren. Restlichen Eischnee vorsichtig unter die Masse heben.

5 Die Masse in eine Springform (Ø 28 cm, mit Backpapier belegt) geben und glatt streichen. Die Form auf dem Rost in den vorgeheizten Backofen schieben. Den Kuchen **etwa 50 Minuten backen.**

6 Die Form auf einen Kuchenrost stellen. Den Kuchen in der Form erkalten lassen. Den Kuchen aus der Form lösen und auf eine Tortenplatte setzen. Die Kuchenoberfläche mit Kakao bestäuben.

Bröselkuchen mit Kirschen

Zubereitungszeit:
30 Minuten, ohne Abkühlzeit
Backzeit: etwa 40 Minuten

Zum Vorbereiten:
1 Glas Sauerkirschen (Abtropfgewicht 370 g)

Für den Rührteig:
125 g weiche Butter oder Margarine
175 g Zucker
1 Pck. Dr. Oetker Vanillin-Zucker
1 gestr. TL gemahlener Zimt
4 Eier (Größe M)
150 g Semmelbrösel
2 ½ gestr. TL Dr. Oetker Backin

100 g Löffelbiskuits für den Springformboden

Zum Bestreichen:
2 EL Sauerkirschsaft
1 EL flüssiger Blütenhonig

Für den Belag:
250 g Schmand (Sauerrahm, 24 % Fett)
50 ml Sauerkirschsaft (aus dem Glas)
1 Pck. Sahnesteif
1 TL Zucker

etwas Puderzucker

PRO STÜCK:
E: 6 g, F: 16 g, Kh: 41 g,
kJ: 1400, kcal: 334, BE: 3,5

1 Zum Vorbereiten Kirschen auf einem Sieb abtropfen lassen. Den Saft auffangen und 50 ml abmessen.

2 Den Backofen vorheizen.
Ober-/Unterhitze: etwa 180 °C, Heißluft: etwa 160 °C

3 Für den Teig Butter oder Margarine in einer Rührschüssel mit einem Mixer (Rührstäbe) geschmeidig rühren. Nach und nach Zucker, Vanillin-Zucker und Zimt unterrühren. So lange rühren, bis eine gebundene Masse entstanden ist. Jedes Ei etwa ½ Minute unterrühren. Semmelbrösel mit Backpulver mischen, in 2 Portionen auf mittlerer Stufe unter den Teig rühren.

4 Den Boden einer Springform (Ø 26 cm, leicht gefettet) mit den Löffelbiskuits (Zuckerseite nach oben) auslegen. Den Teig darauf-geben und glatt streichen. Die Kirschen darauf verteilen. Die Form auf dem Rost in den vorgeheizten Backofen schieben. Den Kuchen **etwa 40 Minuten backen.**

5 Zum Bestreichen Sauerkirschsaft mit Honig verrühren.

6 Den Kuchen aus der Form lösen und auf einen mit Backpapier belegten Kuchenrost legen. Die Kirschen sofort nach dem Backen mit der Saft-Honig-Flüssigkeit bestreichen. Kuchen erkalten lassen.

7 Für den Belag Schmand mit Kirschsaft verrühren. Sahnesteif mit Zucker mischen, zu der Schmandmasse geben und cremig schlagen.

8 Die Schmand-Kirsch-Creme in Klecksen auf dem Kuchen verteilen. Den oberen Kuchenrand mit Puderzucker bestäuben.

TIPP: Nach Belieben die Schmand-Kirsch-Creme separat zu dem Kuchen reichen (Foto).

VARIANTE: Den Semmelbröselkuchen mit einem Tortenguss überziehen. Dafür aus 250 ml Kirschsaft (aus dem Glas), 1 Päckchen ungezuckertem Tortengusspulver, klar und 1 Teelöffel Zucker einen Guss nach Packungsanleitung zubereiten. Den Guss auf den erkalteten Semmelbröselkuchen geben und fest werden lassen. Dann die Schmand-Kirsch-Creme dazureichen und den Puderzucker für den Rand weglassen.

Amaretto-Mandel-Kuchen

Zubereitungszeit:
35 Minuten, ohne Abkühlzeit
Backzeit: 40–45 Minuten

Für den Teig:
- 50 g Marzipan-Rohmasse
- 5 Eigelb (Größe M)
- 75 g Zucker
- 8 EL Amaretto (Mandellikör)
- 100 g Weizenmehl
- 20 g Speisestärke
- 2 gestr. TL Dr. Oetker Backin
- 100 g abgezogene, gemahlene Mandeln
- 100 g zerlassene, abgekühlte Butter oder Margarine
- 5 Eiweiß (Größe M)

Für den Guss:
- 150 g Zartbitter-Schokolade
- 50 g geröstete Pinienkerne

Zum Bestäuben:
- 1–2 EL Puderzucker

PRO STÜCK:
E: 8 g, F: 22 g, Kh: 25 g,
kJ: 1456, kcal: 348, BE: 2,0

1 Den Backofen vorheizen.
Ober-/Unterhitze: etwa 180 °C, Heißluft: etwa 160 °C

2 Für den Teig Marzipan in Stücke schneiden. Eigelb, Zucker, Marzipan und 2 Esslöffel Amaretto in einer Rührschüssel mit einem Mixer (Rührstäbe) gut verrühren. Mehl mit Speisestärke, Backpulver und Mandeln mischen, mit der Butter oder Margarine auf mittlerer Stufe unter die Eigelbmasse rühren.

3 Eiweiß steif schlagen und unterheben. Den Teig in eine Springform (Ø 26 cm, gefettet, bemehlt) geben und glatt streichen. Die Form auf dem Rost in den vorgeheizten Backofen schieben. Den Kuchen **40–45 Minuten backen.**

4 Den Kuchen evtl. nach etwa 30 Minuten Backzeit mit Backpapier belegen, damit er nicht zu dunkel wird.

5 Den Kuchen aus der Form lösen und auf einen Kuchenrost setzen. Die Kuchenoberfläche mehrmals mit einer Gabel einstechen und mit dem restlichen Amaretto beträufeln. Den Kuchen erkalten lassen.

6 Für den Guss Schokolade in Stücke brechen, in einem kleinen Topf im heißen Wasserbad bei schwacher Hitze unter Rühren schmelzen. Den Kuchen mit dem Guss überziehen und mit Pinienkernen bestreuen. Den Guss fest werden lassen.

7 Den Amaretto-Mandel-Kuchen kurz vor dem Servieren mit Puderzucker bestäuben.

TIPP: Dazu leicht angeschlagene Schlagsahne und Zwetschenkompott oder Rote Grütze aus dem Kühlregal servieren.

Zitronen-Tarte mit Lemoncurd

Zubereitungszeit:
45 Minuten, ohne Abkühlzeit
Backzeit: etwa 60 Minuten

Für den Knetteig:
160 g Weizenmehl
80 g Butter oder Margarine
40 g Zucker
1 gestr. TL Salz

Für die Füllung:
3 Eier (Größe M)
150 g Crème fraîche
80 g Zucker
100 ml Zitronensaft

Für den Guss:
130 g Lemoncurd
(Zitronencreme)

PRO STÜCK:
E: 4 g, F: 11 g, Kh: 27 g,
kJ: 960, kcal: 230, BE: 2,0

1 Für den Teig Mehl in eine Rührschüssel geben. Butter oder Margarine, Zucker und Salz hinzufügen. Die Zutaten mit einem Mixer (Knethaken) zunächst kurz auf niedrigster, dann auf höchster Stufe gut durcharbeiten. Anschließend auf der leicht bemehlten Arbeitsfläche zu einem glatten Teig verkneten. Sollte er kleben, ihn in Frischhaltefolie gewickelt eine Zeit lang kalt stellen.

2 Den Backofen vorheizen.
Ober-/Unterhitze: etwa 180 °C, Heißluft: etwa 160 °C

3 Zwei Drittel des Knetteiges auf dem Boden einer Spring- oder Tarteform (Ø 26 cm, gefettet) ausrollen. Den Springformrand um den Springformboden legen. Den Teigboden mehrmals mit einer Gabel einstechen. Die Form auf dem Rost in den vorgeheizten Backofen schieben. Den Knetteigboden **etwa 15 Minuten vorbacken.**

4 Die Form auf einen Kuchenrost stellen. Den Knetteigboden etwas abkühlen lassen.

5 Für die Füllung Eier, Crème fraîche und Zucker in einer Rührschüssel zu einer glatten Masse verrühren, Zitronensaft unterrühren.

6 Restlichen Teig zu einer langen Rolle formen, auf den vorgebackenen Boden legen und so an die Form drücken, dass ein etwa 1 cm hoher Rand entsteht.

7 Die Eier-Crème fraîche-Masse auf den Knetteigboden geben und glatt streichen. Die Form wieder auf dem Rost in den heißen Backofen schieben. Tarte bei **gleicher Backofentemperatur in etwa 45 Minuten fertig backen.**

8 Die Tarte etwa 10 Minuten in der Form stehen lassen, dann aus der Form lösen und auf einem Kuchenrost erkalten lassen.

9 Für den Guss Lemoncurd glatt rühren. Die Zitronen-Tarte vor dem Servieren damit bestreichen.

Spanischer Mandelkuchen

Zubereitungszeit:
20 Minuten, ohne Abkühlzeit
Backzeit: etwa 60 Minuten

Für den Teig:
1 Bio-Zitrone
8 Eier (Größe L)
1 Prise Salz
275 g Zucker
500 g abgezogene, fein gemahlene Mandeln

Zum Bestäuben und Verzieren:
50 g Puderzucker
100 g Zucker

PRO STÜCK:
E: 9 g, F: 30 g, Kh: 35 g,
kJ: 1885, kcal: 450, BE: 3,0

1 Den Backofen vorheizen.
Ober-/Unterhitze: etwa 180 °C, Heißluft: etwa 160 °C

2 Zitrone heiß abwaschen, abtrocknen und die Schale abreiben. Eier, Zitronenschale und Salz in einer Rührschüssel mit einem Mixer (Rührstäbe) auf höchster Stufe etwa 4 Minuten schaumig schlagen. Zucker hinzugeben und weitere etwa 10 Minuten schlagen, bis ein fester Schaum entstanden ist. Mandeln unterheben.

3 Den Teig in eine Springform (Ø 28 cm, mit Backpapier belegt) geben und glatt streichen. Die Form auf dem Rost in den vorgeheizten Backofen schieben. Den Mandelkuchen **etwa 60 Minuten backen.**

4 Die Form auf einen Kuchenrost stellen. Den Kuchenrand sofort mit einem Messer vom Formrand lösen. Den Kuchen in der Form erkalten lassen.

5 Den Kuchen in der Form in Frischhaltefolie wickeln und bis zum Servieren in den Kühlschrank stellen.

6 Den Kuchen aus der Form lösen. Eine Alu-Tortenscheibe auf die Kuchenoberfläche legen. Den Kuchen umdrehen und das Backpapier abziehen. Eine umgedrehte Tortenplatte auf den Kuchen legen. Kuchen stürzen.

7 Zum Bestäuben und Verzieren die Kuchenoberfläche mit Puderzucker bestäuben.

8 Zucker in einem kleinen Topf bei mittlerer Hitze karamellisieren lassen. Karamell etwas abkühlen lassen. Die Kuchenoberfläche damit beträufeln.

TIPP: Bleibt vom Spanischen Mandelkuchen etwas übrig, packen Sie den restlichen Kuchen gut in Alufolie ein und legen Sie Ihn in den Kühlschrank. Der Karamell löst sich auf und zieht und den Kuchen ein. Vor dem Servieren einfach mit etwas Puderzucker bestäuben.

Russischer Zupfkuchen

Zubereitungszeit:
90 Minuten, ohne Kühlzeit
Backzeit: etwa 60 Minuten

Für den Knetteig:
300 g Weizenmehl
30 g Kakaopulver
2 gestr. TL Dr. Oetker Backin
150 g Zucker
1 Pck. Dr. Oetker Vanillin-Zucker
1 Ei (Größe M)
150 g weiche Butter oder Margarine

Für die Füllung:
250 g Butter oder Margarine
500 g Magerquark
200 g Zucker
1 Pck. Dr. Oetker Vanillin-Zucker
3 Eier (Größe M)
1 Pck. Dr. Oetker Pudding-Pulver Vanille-Geschmack

PRO STÜCK:
E: 8 g, F: 23 g, Kh: 39 g,
kJ: 1682, kcal: 402, BE: 3,5

1 Für den Teig Mehl mit Kakaopulver und Backpulver in einer Rührschüssel mischen. Übrige Zutaten für den Teig hinzufügen und alles mit einem Mixer (Knethaken) zunächst kurz auf niedrigster, dann auf höchster Stufe zu einem Teig verarbeiten. Anschließend den Teig mit den Händen zu einer Kugel formen und in Frischhaltefolie gewickelt etwa 30 Minuten in den Kühlschrank stellen.

2 Für die Füllung Butter oder Margarine in einem Topf zerlassen und dann abkühlen lassen.

3 Den Backofen vorheizen.
Ober-/Unterhitze: etwa 180 °C, Heißluft: etwa 160 °C

4 Knapp die Hälfte des Teiges auf dem Boden einer Springform (Ø 26 cm, Boden gefettet) ausrollen. Den Springformrand darumlegen. Vom übrigen Teig knapp die Hälfte zu einer langen Rolle formen, als Rand auf den Teigboden legen und so an die Form drücken, dass ein etwa 2 cm hoher Rand entsteht.

5 Für die Füllung Quark mit Zucker, Vanillin-Zucker, Eiern, Pudding-Pulver und der zerlassenen Butter oder Margarine mit einem Schneebesen zu einer einheitlichen Masse verrühren, in die Form geben und glatt streichen. Den restlichen Teig in kleine Stücke zupfen und auf der Füllung verteilen.

6 Die Form auf dem Rost im unteren Drittel in den vorgeheizten Backofen schieben. Den Kuchen **etwa 60 Minuten backen.**

7 Den gebackenen Kuchen in der Form auf einem Kuchenrost erkalten lassen.

TIPP: Für einen leichteren Zupfkuchen reduzieren Sie die Fettmenge in der Füllung auf 150 g Butter oder Margarine.

Kirsch-Streusel-Kuchen

Zubereitungszeit:
60 Minuten, ohne Kühlzeit
Backzeit: etwa 52 Minuten

Für den Knetteig:
- 150 g Weizenmehl
- 1 Msp. Dr. Oetker Backin
- 100 g Zucker
- 1 Pck. Dr. Oetker Vanillin-Zucker
- 1 Prise Salz
- 1 Ei (Größe M)
- 100 g weiche Butter oder Margarine

Für die Füllung:
- 1 kg Sauerkirschen
- 100 g Zucker
- 20 g Speisestärke
- etwa 1 EL Zucker

Für die Streusel:
- 150 g Weizenmehl
- 100 g Zucker
- 1 Pck. Dr. Oetker Vanillin-Zucker
- 100 g weiche Butter oder Margarine

PRO STÜCK:
E: 4 g, F: 15 g, Kh: 55 g,
kJ: 1578, kcal: 377, BE: 4,5

1 Für den Teig Mehl mit Backpulver in einer Rührschüssel mischen. Übrige Zutaten für den Teig hinzufügen und alles mit einem Mixer (Knethaken) zunächst kurz auf niedrigster, dann auf höchster Stufe zu einem Teig verarbeiten. Anschließend den Teig mit den Händen zu einer Kugel formen und in Frischhaltefolie gewickelt 20–30 Minuten in den Kühlschrank stellen.

2 Den Backofen vorheizen.
Ober-/Unterhitze: etwa 200 °C, Heißluft: etwa 180 °C

3 Für die Füllung die Kirschen abspülen, abtropfen lassen, entstielen und entsteinen. Kirschen mit Zucker mischen und zum Saftziehen stehen lassen.

4 Zwei Drittel des Teiges auf dem Boden einer Springform (Ø 26 cm, Boden gefettet) ausrollen. Den Teigboden mehrmals mit einer Gabel einstechen und den Springformrand darumlegen. Die Form auf dem Rost im unteren Drittel in den vorgeheizten Backofen schieben. Den Boden **etwa 12 Minuten vorbacken.**

5 Die Form auf einen Kuchenrost stellen und den Boden etwas abkühlen lassen.

6 Kirschen mit Saft in einem Topf kurz aufkochen lassen, auf einem Sieb abtropfen lassen, dabei den Saft auffangen und 250 ml davon abmessen, abkühlen lassen, evtl. mit Wasser auffüllen. Speisestärke mit 4 Esslöffeln davon anrühren. Den restlichen Saft zum Kochen bringen. Die angerührte Speisestärke einrühren und kurz aufkochen lassen. Kirschen unterrühren, mit Zucker abschmecken.

7 Den übrigen Teig zu einer langen Rolle formen, als Rand auf den Boden legen und so an die Form drücken, dass ein etwa 2 cm hoher Rand entsteht. Die Kirschmasse auf dem Boden verteilen.

8 Für die Streusel Mehl in eine Rührschüssel geben und die übrigen Zutaten hinzufügen. Die Zutaten mit einem Mixer (Rührstäbe) zu Streuseln von gewünschter Größe verarbeiten und auf der Füllung verteilen. Die Form wieder auf dem Rost in den Backofen schieben und den Kuchen **bei gleicher Backofentemperatur weitere etwa 40 Minuten backen.**

9 Den Kuchen noch etwa 15 Minuten in der Form stehen lassen. Dann mit einem Messer den Rand des Kuchens lösen und den Springformrand entfernen. Boden vom Springformboden lösen, aber den Kuchen darauf auf einem Kuchenrost erkalten lassen.

Obstkuchen auf französische Art

Zubereitungszeit: 40 Minuten
Backzeit: etwa 50 Minuten

Für den Knetteig:
200 g Weizenmehl
1 Pck. Dr. Oetker Vanillin-Zucker
1 Prise Salz
1 Ei (Größe M)
100 g weiche Butter oder Margarine

Für den Belag:
250 g Aprikosen
3 mittelgroße Äpfel
2 Birnen

Für den Guss:
1 Ei (Größe M)
250 g Schlagsahne
60 g Zucker
1 Pck. Dr. Oetker Vanillin-Zucker
2 gestr. EL Speisestärke

Zum Aprikotieren:
4–5 EL Aprikosenkonfitüre
1 EL Wasser

PRO STÜCK:
E: 4 g, F: 15 g, Kh: 35 g,
kJ: 1224, kcal: 292, BE: 3,0

1 Den Backofen vorheizen.
Ober-/Unterhitze: etwa 180 °C, Heißluft: etwa 160 °C

2 Für den Teig die Teigzutaten in eine Rührschüssel geben und alles mit einem Mixer (Knethaken) zunächst kurz auf niedrigster, dann auf höchster Stufe zu einem Teig verarbeiten. Anschließend mit den Händen zu einer Kugel formen.

3 Gut die Hälfte des Teiges auf dem Boden einer Springform (Ø 26 cm, Boden gefettet) ausrollen. Den Springformrand darumlegen. Den Rest des Teiges zu einer langen Rolle formen, als Rand auf den Teigboden legen und so an die Form drücken, dass ein etwa 3 cm hoher Rand entsteht.

4 Für den Belag Aprikosen abspülen, abtrocknen, halbieren, entsteinen und in Spalten schneiden. Äpfel und Birnen schälen, vierteln, entkernen und in Spalten schneiden. Den Teig mit dem Obst belegen.

5 Für den Guss Ei und Schlagsahne mit einem Schneebesen verrühren. Zucker, Vanillin-Zucker und Speisestärke unterrühren und den Guss über dem Obst verteilen. Die Form auf dem Rost (mit Backpapier belegt, da Fett auslaufen kann) im unteren Drittel in den vorgeheizten Backofen schieben. Den Kuchen **etwa 50 Minuten backen.**

6 Den Kuchen nach dem Backen aus der Form lösen.

7 Zum Aprikotieren Konfitüre durch ein Sieb streichen und mit Wasser unter Rühren aufkochen lassen. Den Kuchen sofort nach dem Backen mit einem Backpinsel damit bestreichen. Kuchen auf einem Kuchenrost erkalten lassen.

TIPP: Statt Schlagsahne können Sie für den Guss auch 250 g Rahmjoghurt (10 % Fett) verwenden.

Bratapfelkuchen

Zubereitungszeit:
50 Minuten,
ohne Durchziehzeit
Backzeit: 50–60 Minuten

Zum Vorbereiten:
75 g Rosinen
2–3 EL Rum oder Calvados

Für den Knetteig:
200 g Weizenmehl
½ TL Dr. Oetker Backin
75 g Zucker
1 Pck. Dr. Oetker Vanillin-Zucker
1 Prise Salz
2 EL Wasser
100 g Butter oder Margarine

Für die Füllung:
9–10 kleine Äpfel
1 ½ Pck. Dr. Oetker Pudding-Pulver Vanille-Geschmack
600 g Schlagsahne oder
300 ml Milch und
300 g Schlagsahne
2 Eigelb (Größe M)
50 g Zucker

Für den Belag:
2 Eiweiß (Größe M)
20 g Zucker
2 EL gehobelte Mandeln

PRO STÜCK:
E: 5 g, F: 25 g, Kh: 41 g,
kJ: 1787, kcal: 427, BE: 3,5

1 Zum Vorbereiten Rosinen mit Rum oder Calvados übergießen und gut durchziehen lassen.

2 Für den Teig Mehl mit Backpulver in einer Rührschüssel mischen. Restliche Zutaten hinzufügen und mit einem Mixer (Knethaken) zunächst kurz auf niedrigster, dann auf höchster Stufe gut durcharbeiten. Anschließend den Teig auf der leicht bemehlten Arbeitsfläche zu einem glatten Teig verkneten. Sollte er kleben, ihn in Frischhaltefolie gewickelt eine Zeit lang kalt stellen.

3 Den Backofen vorheizen.
Ober-/Unterhitze: etwa 180 °C, Heißluft: etwa 160 °C

4 Gut die Hälfte des Teiges auf dem Boden einer Springform (Ø 26 cm, gefettet) ausrollen. Teigboden mehrmals mit einer Gabel einstechen. Den Springformrand darumlegen. Restlichen Teig zu einer Rolle formen, sie als Rand auf den Teigboden legen und so an die Form drücken, dass ein etwa 4 cm hoher Rand entsteht.

5 Für die Füllung Äpfel schälen und das Kerngehäuse mit einem Apfelausstecher ausstechen. Die Äpfel auf den Teigboden in die Form legen (evtl. 1–2 Äpfel halbieren, damit auch die Lücken ausgefüllt werden). Die Äpfel mit den getränkten Rosinen füllen.

6 Pudding-Pulver mit 100 g Sahne, Eigelb und Zucker anrühren. Restliche Sahne oder Milchsahne in einem Topf zum Kochen bringen. Angerührtes Pudding-Pulver in die von der Kochstelle genommene Sahne oder Sahnemilch rühren und unter Rühren aufkochen lassen. Den Pudding sofort auf den Äpfeln verteilen. Die Form auf dem Rost in den vorgeheizten Backofen schieben. Den Kuchen **etwa 30 Minuten vorbacken.**

7 Für den Belag Eiweiß mit einem Mixer (Rührstäbe) sehr steif schlagen. Zucker kurz unterschlagen.

8 Die Form auf einen Kuchenrost stellen. Die Kuchenoberfläche mit der Baisermasse bestreichen und mithilfe eines Teelöffels Vertiefungen eindrücken. Mit den Mandeln bestreuen. Die Form wieder auf dem Rost in den heißen Backofen schieben. Den Kuchen **bei gleicher Backofentemperatur in 20–30 Minuten fertig backen.**

9 Die Form auf einen Kuchenrost stellen. Den Kuchen in der Form erkalten lassen. Den Bratapfelkuchen aus der Form lösen und auf eine Tortenplatte setzen.

Apfelkuchen mit Streuseln

Zubereitungszeit: 50 Minuten
Backzeit: 45–50 Minuten

Für den Rührteig:
150 g weiche Butter oder Margarine
150 g Zucker
1 Pck. Dr. Oetker Bourbon-Vanille-Zucker
1 Msp. gemahlener Zimt
1 Msp. gemahlener Koriander
½ Pck. Dr. Oetker Finesse Orangenschalen-Aroma
4 Eier (Größe M)
250 g Weizenmehl
2 gestr. TL Dr. Oetker Backin
2 EL Milch

Für den Belag:
etwa 750 g mürbe Äpfel, z. B. Glockenapfel

Für die Streusel:
75 g Weizenmehl
1 geh. EL abgezogene, gemahlene Mandeln
30 g Zucker
1 Msp. gemahlener Zimt
40 g Butter oder Margarine

Zum Aprikotieren:
2 EL Aprikosenkonfitüre
2 TL Rum

PRO STÜCK:
E: 5 g, F: 14 g, Kh: 38 g,
kJ: 1270, kcal: 303, BE: 3,0

1 Für den Rührteig Butter oder Margarine in einer Rührschüssel mit einem Mixer (Rührstäbe) geschmeidig rühren. Nach und nach Zucker, Vanille-Zucker, Zimt, Koriander und Aroma unterrühren. So lange rühren, bis eine gebundene Masse entstanden ist.

2 Jedes Ei etwa ½ Minute unterrühren. Mehl mit Backpulver mischen und in 2 Portionen auf mittlerer Stufe unterrühren. Den Teig in eine Springform (Ø 28 cm, Boden gefettet) geben und glatt streichen.

3 Den Backofen vorheizen.
Ober-/Unterhitze: etwa 180 °C, Heißluft: etwa 160°C

4 Für den Belag Äpfel schälen, vierteln und entkernen. Apfelviertel mehrmals der Länge nach einschneiden und kranzförmig auf den Teig legen.

5 Für die Streusel Mehl in eine Rührschüssel geben. Mandeln, Zucker, Zimt und Butter oder Margarine hinzufügen. Die Zutaten mit einem Mixer (Rührstäbe) zunächst kurz auf niedrigster, dann auf höchster Stufe zu Streuseln von gewünschter Größe verarbeiten. Die Teigstreusel auf den Apfelstücken verteilen.

6 Die Form auf dem Rost in den vorgeheizten Backofen schieben. Den Apfelkuchen **45–50 Minuten backen.**

7 Die Form auf einen Kuchenrost stellen.

8 Zum Aprikotieren die Konfitüre durch ein Sieb streichen und mit dem Rum in einem kleinen Topf unter Rühren einkochen lassen. Den Apfelkuchen damit bestreichen und erkalten lassen.

Heidelbeer-Butterkuchen

Zubereitungszeit:
50 Minuten, ohne Teiggehzeit
Backzeit: etwa 35 Minuten

Für den Hefeteig:
350 g Weizenmehl
1 Pck. Dr. Oetker Trockenbackhefe
80 g Zucker
100 ml lauwarme Milch
1 Eigelb (Größe M)
150 g Schlagsahne

2 EL Weizenmehl zum Bestäuben

Für den Belag:
1 Glas Wald-Heidelbeeren (Abtropfgewicht 205 g)
1 Ei (Größe M)
1 Eiweiß (Größe M)
80 g Zucker
100 g weiche Butter
200 g gehobelte Mandeln
3 EL Schlagsahne

Zum Bestreuen:
120 g Zucker

PRO STÜCK:
E: 4 g, F: 11 g, Kh: 24 g,
kJ: 879, kcal: 210, BE: 2,0

1 Für den Teig 150 g Mehl mit Trockenbackhefe und Zucker in einer Rührschüssel vermischen. Lauwarme Milch unterrühren und mit einem Mixer (Knethaken) zu einem weichen Vorteig verkneten. Den Teig zugedeckt etwa 30 Minuten an einem warmen Ort gehen lassen.

2 Eigelb, Sahne und restliches Mehl zum gegangenen Teig in die Schüssel geben und mit einem Mixer (Knethaken) in etwa 5 Minuten zu einem weichen Teig verkneten. Den Teig nochmals zugedeckt etwa 30 Minuten an einem warmen Ort gehen lassen.

3 Den gegangenen Teig mit Mehl bestäuben, aus der Schüssel nehmen und auf einem Backblech (30 x 40 cm, gefettet, mit Backpapier belegt) dünn ausrollen. Einen Backrahmen darumstellen. Den Teig nochmals zugedeckt etwa 30 Minuten an einem warmen Ort gehen lassen.

4 Für den Belag Heidelbeeren auf einem Sieb abtropfen lassen und auf dem gegangenen Hefeteig verteilen.

5 Ei und Eiweiß in einer Rührschüssel mit einem Mixer (Rührstäbe) auf höchster Stufe schaumig schlagen. Den Zucker unterschlagen, bis ein fester Schaum entstanden ist. Den Eierschaum auf den Heidelbeeren verteilen. Mit einem Holzlöffel Vertiefungen in die Teigoberfläche drücken. Butter in Flöckchen daraufsetzen und mit Mandeln bestreuen. Sahne daraufträufeln. Den Teig nochmals zugedeckt etwa 30 Minuten an einem warmen Ort gehen lassen.

6 In der Zwischenzeit den Backofen vorheizen.
Ober-/Unterhitze: etwa 180 °C, Heißluft: etwa 160 °C

7 Zucker gleichmäßig auf den Kuchen streuen. Das Backblech in den vorgeheizten Backofen schieben. Den Kuchen **etwa 35 Minuten backen.**

8 Das Backblech auf einen Kuchenrost stellen. Den Heidelbeer-Butterkuchen etwas abkühlen lassen, Backrahmen lösen und entfernen. Den Heidelbeer-Butterkuchen in etwa 6 x 7 cm große Stücke schneiden und warm servieren.

Mandel-Panna-cotta-Schnitten

Zubereitungszeit:
70 Minuten, ohne Kühlzeit
Backzeit: etwa 12 Minuten

Zum Vorbereiten:
200 g nicht abgezogene, ganze Mandeln
1 Bio-Orange

Für den Orangenbiskuit:
5 Eier (Größe L)
1 Prise Salz
150 g Zucker
150 g Weizenmehl

Zum Tränken:
Saft 1 Orange (von der Bio-Orange)

Für die Mandel-Panna-cotta:
7 Blatt weiße Gelatine
300 ml Milch
1000 g Schlagsahne
150 g Zucker
1 Pck. Dr. Oetker Bourbon-Vanille-Zucker

Für den Belag:
750 g frische Himbeeren
1 Pck. Tortenguss, klar
150 g Zucker
250 ml schwarzer Johannisbeernektar

PRO STÜCK:
E: 4 g, F: 14 g, Kh: 25 g,
kJ: 1017, kcal: 243, BE: 2,0

1 Den Backofen vorheizen.
Ober-/Unterhitze: etwa 180 °C, Heißluft: etwa 160 °C

2 Zum Vorbereiten Mandeln auf einem Backblech verteilen und in den vorgeheizten Backofen schieben. Die Mandeln 15–20 Minuten rösten, bis sie duften. Die Mandeln vom Backblech nehmen und erkalten lassen. Orange heiß abwaschen, abtrocknen und die Schale abreiben. Orange halbieren, den Saft auspressen und zum Tränken beiseitestellen.

3 Für den Teig Eier und Salz in einer Rührschüssel mit einem Mixer (Rührstäbe) auf höchster Stufe etwa 1 Minute schaumig schlagen. Zucker in 1 Minute unter Rühren einstreuen und noch 2 Minuten weiterschlagen. Mehl mit der Orangenschale mischen und kurz auf niedrigster Stufe unterrühren. Den Teig auf ein Backblech (30 x 40 cm, gefettet, mit Backpapier belegt) geben und glatt streichen. Das Backblech in den vorgeheizten Backofen schieben. Den Biskuitboden **etwa 12 Minuten backen.**

4 Das Backblech auf einen Kuchenrost stellen. Den Biskuitboden erkalten lassen und mit Orangensaft beträufeln.

5 Für die Panna cotta die gerösteten Mandeln in einem Blitzhacker sehr fein hacken. Gelatine nach Packungsanleitung einweichen. Milch mit 100 g Sahne in einem Topf aufkochen lassen. Mandeln hinzugeben und etwa 10 Minuten bei schwacher Hitze ziehen, aber nicht kochen lassen. Die Mandelmilch durch ein Sieb in einen Topf gießen. Die Mandeln gut ausdrücken und entfernen. Eingeweichte Gelatine leicht ausdrücken, in der Mandelmilch unter Rühren auflösen. Mandelmilch kalt stellen, dabei gelegentlich umrühren.

6 Restliche Sahne (900 g) mit einem Mixer (Rührstäbe) in 2 Portionen steif schlagen, dabei Zucker und Vanille-Zucker unterrühren. Wenn die Mandelmilch beginnt dicklich zu werden, sie mit einem Schneebesen glatt rühren. Etwa ein Drittel der Sahne zügig mit dem Schneebesen unter die Mandelmilch rühren. Restliche Sahne mit einem Teigschaber unterheben. Die Panna-cotta-Creme auf den Biskuitboden geben und glatt streichen. Den Kuchen etwa 2 Stunden kalt stellen.

7 Für den Belag Himbeeren verlesen, evtl. kurz abspülen und gut trocken tupfen. Himbeeren auf die Panna-cotta-Creme legen. Aus Tortengusspulver, Zucker und Johannisbeernektar einen Guss nach Packungsanleitung zubereiten. Den Guss mit einem Löffel auf die Himbeeren träufeln. Den Himbeerkuchen mindestens 4 Stunden kalt stellen. Evtl. die Kuchenränder gerade schneiden. Den Himbeerkuchen in etwa 6 x 6 cm große Stücke schneiden.

Grießrahm-Brombeer-Kuchen

Zubereitungszeit: 50 Minuten
Backzeit: etwa 40 Minuten

Für den Knetteig:
450 g Weizenmehl
300 g Butter oder Margarine
150 g Zucker
1 Eigelb (Größe M)
1 Prise Salz

1 EL Weizenmehl zum Ausrollen

Für die Grieß-Vanille-Creme:
700 ml Milch
500 g Schlagsahne
150 g Zucker
1 Vanilleschote
70 g Weichweizengrieß
1 Eigelb (Größe M)

350 g frische oder TK-Brombeeren

Für den Tortenguss:
1 Pck. Tortenguss, klar
2 EL Zucker
250 ml schwarzer Johannisbeernektar

PRO STÜCK:
E: 5 g, F: 23 g, Kh: 42 g,
kJ: 1658, kcal: 396, BE: 3,5

1 Den Backofen vorheizen.
Ober-/Unterhitze: etwa 200 °C, Heißluft: etwa 180 °C

2 Für den Teig Mehl in eine Rührschüssel geben. Restliche Zutaten hinzufügen und mit einem Mixer (Knethaken) zunächst kurz auf niedrigster, dann auf höchster Stufe gut durcharbeiten. Den Teig in einem tiefen Backblech oder einer Fettpfanne (30 x 40 cm, gefettet, mit Backpapier belegt) ausrollen, dabei einen kleinen Rand andrücken. Das Backblech oder die Fettpfanne in den vorgeheizten Backofen schieben. Den Knetteigboden **etwa 15 Minuten goldbraun vorbacken.**

3 In der Zwischenzeit für die Creme Milch, Sahne und Zucker in einem Topf verrühren. Die Vanilleschote längs halbieren und das Mark mit einem Messerrücken herausschaben. Vanillemark und -schote in die Sahnemilch geben, zum Kochen bringen und etwa 15 Minuten bei mittlerer Hitze ziehen lassen. Grieß einstreuen und etwa 15 Minuten unter gelegentlichem Rühren bei schwacher Hitze kochen lassen. Den Topf von der Kochstelle nehmen. Vanilleschote entfernen und das Eigelb unterrühren.

4 Das Backblech oder die Fettpfanne auf einen Kuchenrost stellen. Die Backtemperatur um etwa 20 °C herunterschalten.

5 Die Grießrahmcreme auf dem vorgebackenen Knetteigboden verteilen. Creme etwa 10 Minuten abkühlen lassen.

6 Frische Brombeeren putzen, waschen, abtropfen lassen und evtl. entstielen. Die Brombeeren (TK-Brombeeren unaufgetaut) auf der Grießrahmcreme verteilen und etwas eindrücken. Den Rand dabei frei lassen. Das Backblech oder die Fettpfanne wieder in vorgeheizten Backofen schieben. Den Grießrahm-Brombeer-Kuchen **in etwa 25 Minuten fertig backen.**

7 Das Backblech oder die Fettpfanne auf einen Kuchenrost stellen. Den Grießrahm-Brombeer-Kuchen erkalten lassen.

8 Für den Guss aus Tortengusspulver, Zucker und Johannisbeernektar einen Guss nach Packungsanleitung zubereiten. Den Guss mithilfe eines Löffels auf den Kuchen träufeln. Den Grießrahm-Brombeer-Kuchen erkalten lassen und in etwa 7 x 8 cm große Stücke schneiden.

Schichtkuchen mit Pflaumenmus

Zubereitungszeit:
80 Minuten, ohne Teiggehzeit
Backzeit: etwa 50 Minuten

Für den Hefeteig:
200 ml Milch
100 g Butter oder Margarine
375 g Weizenmehl
1 Pck. Dr. Oetker Trockenbackhefe
140 g Zucker

3 EL Weizenmehl zum Bestäuben

Für die 1. Schicht:
600 g Pflaumenmus
1 EL Weichweizengrieß

Für die 2. Schicht:
600 g Doppelrahm-Frischkäse
100 g weiche Butter
100 g Zucker
1 Ei (Größe M)
1 Pck. Saucenpulver Vanille-Geschmack, zum Kochen

Für die 3. Schicht:
1 Pck. Dr. Oetker Pudding-Pulver Vanille-Geschmack
200 g Zucker
500 ml Milch
4 Eigelb (Größe M)
250 g weiche Butter
4 Eiweiß (Größe M)

PRO STÜCK:
E: 3 g, F: 9 g, Kh: 16 g,
kJ: 650, kcal: 155, BE: 1,5

1 Für den Hefeteig Milch erwärmen, Butter oder Margarine darin zerlassen. Mehl in einer Rührschüssel mit Trockenbackhefe sorgfältig vermischen. Zucker und Milch-Fett-Mischung hinzufügen. Die Zutaten mit einem Mixer (Knethaken) zunächst kurz auf niedrigster, dann auf höchster Stufe in etwa 5 Minuten zu einem glatten, weichen Teig verarbeiten. Den Teig zugedeckt etwa 60 Minuten an einem warmen Ort gehen lassen.

2 Den gegangenen Teig mit Mehl bestäuben, aus der Schüssel nehmen und auf der bemehlten Arbeitsfläche nochmals kurz durchkneten. Den Teig auf einem Backblech (30 x 40 cm, gefettet, mit Backpapier belegt) ausrollen, einen Backrahmen darumstellen und einen etwa 2 cm hohen Rand andrücken. Den Teig nochmals zugedeckt etwa 30 Minuten an einem warmen Ort gehen lassen.

3 Für die 1. Schicht Pflaumenmus mit Grieß verrühren und auf dem gegangenen Hefeteig verteilen.

4 Für die 2. Schicht Frischkäse mit Butter und Zucker verschlagen. Ei und Saucenpulver gut unterrühren. Die Frischkäsemasse esslöffelweise auf das Pflaumenmus geben und glatt streichen.

5 Den Backofen vorheizen.
Ober-/Unterhitze: etwa 200 °C, Heißluft: etwa 180 °C

6 Für die 3. Schicht einen Pudding aus Pudding-Pulver, Zucker und Milch nach Packungsanleitung zubereiten. Pudding etwas abkühlen lassen. Eigelb und Butter mit einem Schneebesen unterrühren. Eiweiß mit einem Mixer (Rührstäbe) etwas schaumig schlagen. Eiweißschaum unter die warme Puddingmasse heben, auf die Frischkäsemasse geben und glatt streichen.

7 Das Backblech in den vorgeheizten Backofen schieben. Den Schichtkuchen **etwa 50 Minuten backen.**

8 Das Backblech auf einen Kuchenrost stellen. Den Schichtkuchen erkalten lassen. Backrahmen lösen und entfernen. Die Kuchenränder gerade schneiden. Den Schichtkuchen in etwa 4 x 4 cm große Stücke schneiden.

Stachelbeer-Streusel-Kuchen

Zubereitungszeit: 40 Minuten
Backzeit: etwa 50 Minuten

Für den Belag:
2 Gläser Stachelbeeren (Abtropfgewicht je 390 g)
600 ml Stachelbeersaft aus den Gläsern
1 Pck. Dr. Oetker Pudding-Pulver Vanille-Geschmack
120 g Zucker
1 TL gemahlener Zimt

Für den Rührteig:
300 g weiche Butter oder Margarine
250 g Zucker
1 TL gemahlener Zimt
6 Eier (Größe L)
350 g Weizenmehl
3 gestr. TL Dr. Oetker Backin
100 g abgezogene, gemahlene Mandeln

Für den Streuselteig:
150 g Weizenmehl
150 g Zucker
100 g kalte Butter

PRO STÜCK:
E: 4 g, F: 14 g, Kh: 4 g,
kJ: 1234, kcal: 295, BE: 3,0

1 Für den Belag Stachelbeeren auf einem Sieb abtropfen lassen. Den Saft auffangen und 600 ml abmessen. 50 ml von dem Saft mit Pudding-Pulver, Zucker und Zimt anrühren. Restlichen Saft in einem Topf zum Kochen bringen. Angerührtes Pudding-Pulver in den von Kochstelle genommenen Saft rühren und unter Rühren bei starker Hitze aufkochen lassen. Stachelbeeren unterrühren. Die Stachelbeermasse erkalten lassen.

2 Den Backofen vorheizen.
Ober-/Unterhitze: etwa 180 °C, Heißluft: etwa 160 °C

3 Für den Rührteig Butter oder Margarine in einer Rührschüssel mit einem Mixer (Rührstäbe) geschmeidig rühren. Nach und nach Zucker und Zimt unterrühren. So lange rühren, bis eine gebundene Masse entstanden ist.

4 Jedes Ei etwa ½ Minute unterrühren. Mehl mit Backpulver und Mandeln mischen und in 2 Portionen auf mittlerer Stufe unterrühren. Den Teig auf ein Backblech (30 x 40 cm, gefettet, mit Backpapier belegt) geben und glatt streichen. Die Stachelbeermasse esslöffelweise auf dem Teig verteilen.

5 Für den Streuselteig Mehl und Zucker in eine Rührschüssel geben. Butter in dünne Scheiben schneiden und hinzufügen. Die Zutaten mit einem Mixer (Rührstäbe) zu groben Streuseln verarbeiten. Die Teigstreusel auf die Stachelbeermasse streuen. Das Backblech in den vorgeheizten Backofen schieben. Den Kuchen **etwa 50 Minuten backen.**

6 Das Backblech auf einen Kuchenrost stellen. Den Stachelbeer-Streusel-Kuchen erkalten lassen und in etwa 6 x 6 cm große Stücke schneiden.

Zitronen-Erdbeer-Kuchen

Zubereitungszeit: 70 Minuten
Backzeit: etwa 35 Minuten

Für den Rührteig:
3 Bio-Zitronen
250 g weiche Butter oder Margarine
250 g Zucker
50 g Schlagsahne
5 Eier (Größe L)
300 g Weizenmehl
3 gestr. TL Dr. Oetker Backin
100 g abgezogene, gemahlene Mandeln

Zum Tränken:
Saft von 2 Zitronen

Für die Zitronencreme:
250 ml Zitronensaft (von etwa 6 Zitronen)
250 ml Wasser
1 Pck. Dr. Oetker Pudding-Pulver Vanille-Geschmack
160 g Zucker
100 g Butter

Für den Belag:
1 kg Erdbeeren
2 Pck. Tortenguss, klar
100 g Zucker
500 ml schwarzer Johannisbeernektar

PRO STÜCK:
E: 3 g, F: 13 g, Kh: 31 g,
kJ: 1098, kcal: 262, BE: 2,5

1 Den Backofen vorheizen.
Ober-/Unterhitze: etwa 180 °C, Heißluft: etwa 160 °C

2 Für den Teig Zitronen heiß abwaschen, abtrocknen und jeweils die Schale abreiben. Zitronen halbieren und den Saft auspressen. Den Saft von 2 Zitronen zum Tränken, den restlichen Saft für die Creme beiseitestellen.

3 Butter oder Margarine in einer Rührschüssel mit einem Mixer (Rührstäbe) geschmeidig rühren. Zitronenschale unterrühren. Nach und nach Zucker und Sahne unterrühren. So lange rühren, bis eine gebundene Masse entstanden ist.

4 Jedes Ei etwa ½ Minute unterrühren. Mehl mit Backpulver und Mandeln mischen, in 2 Portionen auf mittlerer Stufe unterrühren. Den Teig in ein tiefes Backblech oder in eine Fettpfanne (30 x 40 cm, mit Backpapier belegt) geben und glatt streichen. Den Gebäckboden **etwa 35 Minuten backen.**

5 Das Backblech oder die Fettpfanne auf einen Kuchenrost stellen. Den Gebäckboden erkalten lassen und mit dem beiseitegestellten Zitronensaft (von 2 Zitronen) beträufeln.

6 Für die Creme Zitronensaft mit dem beiseitegestellten Zitronensaft (von 1 Zitrone) und Wasser auf 500 ml auffüllen. Etwa 50 ml von der Zitronenflüssigkeit mit Pudding-Pulver und Zucker anrühren. Restliche Zitronenflüssigkeit in einem Topf zum Kochen bringen. Angerührtes Pudding-Pulver in die von der Kochstelle genommene Zitronenflüssigkeit rühren und unter Rühren aufkochen lassen. Den Topf von der Kochstelle nehmen. Die Butter unterrühren und zerlassen. Die heiße Puddingmasse auf den Gebäckboden geben und glatt streichen.

7 Für den Belag Erdbeeren putzen, waschen, abtropfen lassen, entstielen und halbieren. Erdbeerhälften auf die Zitronencreme legen. Aus Tortengusspulver, Zucker und Johannisbeernektar einen Guss nach Packungsanleitung zubereiten. Den Guss auf den Erdbeerhälften verteilen. Den Kuchen etwa 3 Stunden kalt stellen.

8 Von dem Zitronen-Erdbeer-Kuchen evtl. die Ränder abschneiden. Den Kuchen in etwa 6 x 6 cm große Stücke schneiden.

TIPP: Den Zitronen-Erdbeer-Kuchen mit steif geschlagener Schlagsahne servieren.

Aprikosen-Mandel-Kuchen

Zubereitungszeit: 40 Minuten
Backzeit: etwa 45 Minuten

Für den Knetteig:
50 g Marzipan-Rohmasse
280 g Weizenmehl
200 g Butter oder Margarine
1 Prise Salz
1 Eigelb (Größe M)
120 g Zucker

Für den Belag:
1 kg reife Aprikosen (etwa 18 Stück)
150 g Marzipan-Rohmasse
5 Eier (Größe M)
500 g Schlagsahne
200 ml Milch
200 g Zucker
36 abgezogene, ganze Mandeln

2 EL Aprikosenkonfitüre

PRO STÜCK:
E: 3 g, F: 13 g, Kh: 21 g,
kJ: 908, kcal: 217, BE: 2,0

1 Den Backofen vorheizen.
Ober-/Unterhitze: etwa 180 °C, Heißluft: etwa 160 °C

2 Marzipan in Stücke schneiden und in eine Rührschüssel geben. Mehl, Butter oder Margarine, Salz, Eigelb und Zucker hinzufügen. Die Zutaten mit einem Mixer (Knethaken) zunächst kurz auf niedrigster, dann auf höchster Stufe gut durcharbeiten.

3 Den Teig in einem tiefen Backblech oder in einer Fettpfanne (30 x 40 cm, gefettet, mit Backpapier belegt) ausrollen. Dabei einen Rand andrücken.

4 Für den Belag Aprikosen waschen, abtropfen lassen, halbieren und entsteinen.

5 Marzipan in Stücke schneiden und in einen hohen Rührbecher geben. Eier, Sahne, Milch und Zucker hinzufügen. Die Zutaten mit einem Stabmixer pürieren.

6 Die Hälfte des Marzipan-Sahne-Gusses auf dem Teig verteilen. Die Aprikosenhälften mit der Schnittfläche nach oben in den Guss legen. Jeweils eine Mandel in eine Aprikosenhälfte legen. Den restlichen Marzipan-Sahne-Guss auf den Aprikosen-Mandel-Kuchen geben. Das Backblech oder die Fettpfanne in den vorgeheizten Backofen schieben. Den Aprikosen-Mandel-Kuchen **etwa 45 Minuten backen.**

7 Das Backblech oder die Fettpfanne auf einen Kuchenrost stellen. Konfitüre in einem kleinen Topf unter Rühren bei mittlerer Hitze aufkochen lassen. Den warmen Aprikosen-Mandel-Kuchen damit bestreichen und erkalten lassen.

8 Den Aprikosen-Mandel-Kuchen in Stücke schneiden.

TIPP: Statt der frischen Aprikosen können auch 2 Dosen abgetropfte Aprikosenhälften (Abtropfgewicht je 480 g) verwendet werden.

Erdbeer-Ricotta-Kuchen

Zubereitungszeit:
60 Minuten, ohne Kühlzeit
Backzeit: etwa 50 Minuten

Für den Streuselteig:
200 g kalte Butter
oder Margarine
350 g Weizenmehl
100 g Zucker
1 Prise Salz
1 Eigelb (Größe M)

Für den Biskuitteig:
5 Eier (Größe L)
140 g Zucker
120 g Weizenmehl

Für die Füllung:
2 kg frische Erdbeeren
150 ml Amaretto (Mandellikör)
2 EL flüssiger Honig
1,35 kg Ricotta
(ital. Frischkäse)
150 g Puderzucker

Zum Bestäuben:
2 EL Puderzucker

PRO STÜCK:
E: 9 g, F: 17 g, Kh: 37 g,
kJ: 1470, kcal: 352, BE: 3,0

1 Den Backofen vorheizen.
Ober-/Unterhitze: etwa 180 °C, Heißluft: etwa 160 °C

2 Für den Streuselteig Butter oder Margarine in dünne Scheiben schneiden und in eine Rührschüssel geben. Restliche Zutaten hinzufügen und mit einem Mixer (Rührstäbe) zunächst kurz auf niedrigster, dann auf höchster Stufe zu feinen Streusel verarbeiten. Die Teigstreusel in einem tiefen Backblech oder einer Fettpfanne 30 x 40 cm (gefettet) verteilen und mit der flachen Hand gut zu einem Boden andrücken. Das Backblech oder die Fettpfanne in den vorgeheizten Backofen schieben. Den Streuselboden in **etwa 15 Minuten goldbraun backen.**

3 In der Zwischenzeit für den Biskuitteig Eier in einer Rührschüssel mit einem Mixer (Rührstäbe) auf höchster Stufe etwa 1 Minute schaumig schlagen. Zucker in 1 Minute unter Rühren einstreuen, dann noch 2 Minuten weiterschlagen. Mehl kurz auf niedrigster Stufe unterrühren.

4 Das Backblech auf einen Kuchenrost stellen. Den Biskuitteig auf den heißen Streuselteig geben und glatt streichen. Das Backblech oder die Fettpfanne wieder in den heißen Backofen schieben. Den Gebäckboden in **etwa 35 Minuten fertig backen.**

5 Das Backblech oder die Fettpfanne auf einen Kuchenrost stellen. Den Gebäckboden erkalten lassen.

6 Für die Füllung Erdbeeren putzen, waschen, abtropfen lassen und entstielen. 500 g Erdbeeren kalt stellen. Restliche Erdbeeren vierteln und in eine Schüssel geben. 2 Esslöffel Amaretto mit Honig verrühren, zu den Erdbeerstücken geben und kurz marinieren.

7 Ricotta in eine Rührschüssel geben, Puderzucker gut unterrühren. Die marinierten Erdbeerstücke unterheben.

8 Evtl. einen Backrahmen um den Gebäckboden stellen. Den Biskuitboden mit dem restlichen Amaretto beträufeln. Die Erdbeer-Ricotta-Creme daraufgeben, glatt streichen und den Kuchen etwa 3 Stunden kalt stellen.

9 Die kalt gestellten Erdbeeren halbieren und auf die Erdbeer-Ricotta-Creme legen. Evtl. Backrahmen lösen und entfernen. Die Kuchenränder evtl. glatt streichen. Den Erdbeer-Ricotta-Kuchen in etwa 6 x 7 cm große Stücke schneiden und vor dem Servieren mit Puderzucker bestäuben.

Rhabarber-Brioche-Kuchen

Zubereitungszeit:
60 Minuten, ohne Teiggehzeit
Backzeit: etwa 60 Minuten

Für den Briocheteig:
450 g Weizenmehl
1 Pck. Dr. Oetker Trockenbackhefe
120 g Zucker
150 ml lauwarme Milch
250 g Butter oder Margarine
½ TL gemahlene Muskatnuss
9 Eigelb (Größe M)

Für den Belag:
1,25 kg Rhabarber
4 EL schwarzes Johannisbeergelee

Für das Mandelbaiser:
9 Eiweiß (Größe M)
1 Prise Salz
280 g feiner Zucker
200 g abgezogene, gemahlene Mandeln
1 TL Speisestärke

2 EL Puderzucker

PRO STÜCK:
E: 7 g, F: 16 g, Kh: 38 g,
kJ: 1363, kcal: 326, BE: 3,0

1 Für den Teig 150 g Mehl mit der Trockenbackhefe und 2 Esslöffeln Zucker in einer Rührschüssel mischen. Lauwarme Milch unterrühren. Den Teig zugedeckt an einem warmen Ort etwa 30 Minuten gehen lassen.

2 Butter oder Margarine zerlassen und abkühlen lassen. Restliches Mehl, restlichen Zucker, Muskat, Eigelb und Butter oder Margarine zum gegangenen Teig geben und mit einem Mixer (Knethaken) in etwa 5 Minuten zu einem glatten Teig verkneten. Den Teig zugedeckt weitere etwa 60 Minuten an einem warmen Ort gehen lassen.

3 Den gegangenen Teig mit Mehl bestäuben, aus der Schüssel nehmen und in einem tiefen Backblech oder einer Fettpfanne (30 x 40 cm, gefettet, mit Backpapier belegt) mit angefeuchteten Händen zu einem Boden andrücken. Den Teig nochmals zugedeckt etwa 30 Minuten an einem warmen Ort gehen lassen.

4 Den Backofen vorheizen.
Ober-/Unterhitze: etwa 180 °C, Heißluft: etwa 160 °C

5 Für den Belag Rhabarber abziehen, waschen, abtropfen lassen, Stielenden und Blattansätze entfernen. Die Stangen in dünne Scheiben schneiden und in eine Rührschüssel geben. Johannisbeergelee untermischen. Die Rhabarberscheiben auf dem gegangenen Teig verteilen.

6 Für das Baiser Eiweiß mit Salz und 50 g des Zuckers in eine Rührschüssel geben und mit einem Mixer (Rührstäbe) steif schlagen. Restlichen Zucker einstreuen und weitere etwa 4 Minuten schlagen. Mandeln mit der Speisestärke vermischen und unter den Eischnee heben.

7 Die Baisermasse portionsweise in einen Spritzbeutel mit Lochtülle (Ø etwa 1½ cm) füllen und große Tupfen auf den Rhabarberbelag spritzen. Das Backblech oder die Fettpfanne in den vorgeheizten Backofen schieben. Den Kuchen **etwa 60 Minuten backen.**

8 Das Backblech oder die Fettpfanne auf einen Kuchenrost stellen. Den Kuchen erkalten lassen. Die Kuchenränder evtl. gerade schneiden. Den Kuchen in etwa 6 x 7 cm große Stücke schneiden. Vor dem Servieren den Kuchen mit Puderzucker bestreuen.

TIPP: Wenn der Teig schnell aufgehen soll, kann man die Teigschüssel einfach in eine größere Schüssel mit warmem Wasser stellen.

Rhabarber-Quark-Kuchen

Zubereitungszeit: 60 Minuten
Backzeit: etwa 60 Minuten

Für den Streuselteig:
400 g Weizenmehl
160 g Zucker
1 Eigelb (Größe L)
1 Prise Salz
250 g kalte Butter oder Margarine

Für den Belag:
1 kg Rhabarber
2 EL Zucker
1 Bio-Orange
750 g Speisequark (40 % Fett i. Tr.)
5 Eigelb (Größe L)
1 EL Speisestärke
250 g Zucker
1 Pck. Dr. Oetker Bourbon-Vanille-Zucker
6 Eiweiß (Größe L)

Zum Bestäuben:
2 EL Puderzucker

PRO STÜCK:
E: 9 g, F: 17 g, Kh: 40 g,
kJ: 1467, kcal: 351, BE: 3,5

1 Den Backofen vorheizen.
Ober-/Unterhitze: etwa 200 °C, Heißluft: etwa 180 °C

2 Für den Teig Mehl, Zucker, Eigelb und Salz in eine Rührschüssel geben. Butter oder Margarine in dünne Scheiben schneiden und hinzufügen. Die Zutaten mit einem Mixer (Rührstäbe) zunächst kurz auf niedrigster, dann auf höchster Stufe zu feinen Streuseln verarbeiten.

3 Die Teigstreusel in einem tiefen Backblech oder einer Fettpfanne (30 x 40 cm, gefettet, mit Backpapier belegt) verteilen und mit der flachen Hand gut zu einem Boden andrücken. Das Backblech oder die Fettpfanne in den vorgeheizten Backofen schieben. Den Streuselboden **etwa 15 Minuten vorbacken.**

4 Das Backblech oder die Fettpfanne auf einen Kuchenrost stellen. Die Backtemperatur gleichzeitig um etwa 20 °C herunterschalten.

5 Für den Belag Rhabarber abziehen, waschen, abtropfen lassen, Stielenden und Blattansätze entfernen. Die Stangen in etwa 2 cm große Stücke schneiden, in eine Rührschüssel geben und mit Zucker bestreuen. Orange heiß abwaschen, abtrocknen und die Schale dünn abreiben. Orangenschale unter die Rhabarberscheiben mischen.

6 Quark mit Eigelb, Speisestärke, 150 g des Zuckers und Vanille-Zucker geschmeidig rühren. Eiweiß mit einem Mixer (Rührstäbe) auf höchster Stufe steif schlagen. Restlichen Zucker einstreuen und weitere etwa 2 Minuten schlagen. Eischnee unter die Quarkmasse heben.

7 Die Rhabarberstücke auf dem vorgebackenen Streuselboden verteilen. Die Quarkmasse daraufgeben und glatt streichen. Das Backblech oder die Fettpfanne in den vorgeheizten Backofen schieben. Den Rhabarber-Quark-Kuchen **etwa 45 Minuten backen.** Den Kuchen nach etwa 35 Minuten Backzeit mit Backpapier belegen.

8 Das Backblech oder die Fettpfanne auf einen Kuchenrost stellen. Den Rhabarber-Quark-Kuchen erkalten lassen und mit Puderzucker bestäuben. Die Kuchenränder evtl. gerade schneiden. Den Rhabarber-Quark-Kuchen in etwa 7 x 8 cm große Stücke schneiden.

TIPP: Falls nur ein flaches Backblech vorhanden ist, kann man das Backpapier an der flachen Seite etwas hochknicken oder einen Backrahmen um den Streuselboden stellen.

Himbeer-Kuchen

Zubereitungszeit:
50 Minuten, ohne Kühlzeit
Backzeit: 12–15 Minuten

Für den Biskuitteig:
5 Eigelb (Größe L)
3 Eier (Größe L)
160 g Zucker
120 g Weizenmehl
30 g Kakaopulver

Für den Belag:
500 g Crème fraîche
150 g Zucker
1 Vanilleschote
7 ganz frische Eiweiß (Größe L, etwa 250 g)

750 g frische Himbeeren

Für den Guss:
2 Pck. Tortenguss, klar
100 g Zucker
500 ml schwarzer Johannisbeernektar

PRO STÜCK:
E: 6 g, F: 11 g, Kh: 36 g,
kJ: 1112, kcal: 267, BE: 3,0

1 Den Backofen vorheizen.
Ober-/Unterhitze: etwa 180 °C, Heißluft: etwa 160 °C

2 Für den Teig Eigelb und Eier in einer Rührschüssel mit einem Mixer (Rührstäbe) auf höchster Stufe in etwa 1 Minute schaumig schlagen. Zucker in 1 Minute unter Rühren einstreuen, dann noch etwa 2 Minuten weiterschlagen. Mehl mit Kakao mischen und kurz auf niedrigster Stufe unterrühren.

3 Den Teig in einem tiefen Backblech oder einer Fettpfanne (30 x 40 cm, gefettet, mit Backpapier belegt) glatt streichen. Das Backblech in den vorgeheizten Backofen schieben. Den Biskuitboden **12–15 Minuten backen.**

4 Das Backblech auf einen Kuchenrost stellen. Den Biskuitboden erkalten lassen. Einen Backrahmen darumstellen.

5 Für den Belag Crème fraîche in eine Rührschüssel geben. 50 g Zucker hinzufügen und mit einem Schneebesen glatt rühren. Die Vanilleschote längs aufschneiden, das Mark mit einem Messerrücken herausschaben und unter die Crème-fraîche-Masse rühren.

6 Eiweiß evtl. in 2 Portionen mit einem Mixer (Rührstäbe) sehr steif schlagen. Restlichen Zucker (100 g) hinzugeben und weitere etwa 3 Minuten schlagen. Eischnee portionsweise unter die Crème-fraîche-Masse heben, auf dem Biskuitboden verteilen und glatt streichen. Den Kuchen mindestens 6 Stunden in den Kühlschrank stellen.

7 Himbeeren verlesen, evtl. kurz abspülen und gut trocken tupfen. Die Himbeeren auf der Crème-fraîche-Masse verteilen. Aus Tortengusspulver, Zucker und Saft einen Guss nach Packungsanleitung zubereiten. Die Himbeeren mit dem Guss überziehen. Guss fest werden lassen.

8 Backrahmen entfernen. Die Kuchenränder evtl. gerade schneiden. Den Himbeer-Kuchen in etwa 7 x 8 cm große Stücke schneiden.

TIPP: Wichtig: Nur ganz frisches Eiweiß verwenden, das nicht älter als 5 Tage ist (Legedatum beachten!). Kuchen innerhalb von 24 Stunden verzehren.

Erdbeer-Vanillecreme-Kuchen

Zubereitungszeit: 70 Minuten
Backzeit: 15–20 Minuten

Für die Vanillecreme:
500 g Schlagsahne
700 ml Milch
1 Vanilleschote
150 g Zucker
2 Pck. Dr. Oetker Pudding-Pulver Vanille-Geschmack

Für den Knetteig:
500 g Weizenmehl
300 g Butter oder Margarine
150 g Zucker
1 Prise Salz
2 Eigelb (Größe L)

Für den Belag:
1 ½ kg Erdbeeren
2 Pck. Tortenguss, klar
120 g Zucker
500 ml schwarzer Johannisbeernektar

PRO STÜCK:
E: 5 g, F: 18 g, Kh: 46 g,
kJ: 1547, kcal: 370, BE: 4,0

1 Für die Vanillecreme Sahne mit 500 ml Milch in einen Topf geben. Die Vanilleschote längs halbieren und das Mark mit einem Messerrücken herausschaben. Vanilleschote und -mark zu der Sahnemilch in den Topf geben, zum Kochen bringen. Den Topf von der Kochstelle nehmen. Die Vanille-Sahne-Milch etwa 30 Minuten ziehen lassen. Vanilleschote herausnehmen. Zucker unterrühren.

2 Pudding-Pulver mit der restlichen Milch (200 ml) anrühren. Die Vanille-Sahne-Milch-Flüssigkeit wieder zum Kochen bringen. Angerührtes Pudding-Pulver in die von der Kochstelle genommene Flüssigkeit rühren und unter Rühren gut aufkochen lassen. Den Topf von der Kochstelle nehmen. Frischhaltefolie direkt auf die Vanillecreme legen. Creme erkalten lassen.

3 Den Backofen vorheizen.
Ober-/Unterhitze: etwa 180 °C, Heißluft: etwa 160 °C

4 Für den Teig Mehl in eine Rührschüssel geben. Butter oder Margarine, Zucker, Salz und Eigelb hinzufügen. Die Zutaten mit einem Mixer (Knethaken) zunächst kurz auf niedrigster, dann auf höchster Stufe gut durcharbeiten.

5 Den Teig auf einem Backblech (30 x 40 cm, gefettet, mit Backpapier belegt) ausrollen, dabei einen kleinen Rand andrücken. Das Backblech in den vorgeheizten Backofen schieben. Den Knetteigboden in **15–20 Minuten goldbraun backen.**

6 Das Backblech auf einen Kuchenrost stellen. Den Knetteigboden erkalten lassen.

7 Von der Vanillecreme die Folie entfernen. Die Vanillecreme mit einem Schneebesen glatt rühren, auf den Knetteigboden geben und glatt streichen.

8 Für den Belag Erdbeeren putzen, waschen, abtropfen lassen und entstielen. Erdbeeren auf die Vanillecreme setzen und etwas eindrücken. Aus Tortengusspulver, Zucker und Johannisbeernektar einen Guss nach Packungsanleitung zubereiten. Die Erdbeeren mit dem Guss überziehen. Guss fest werden lassen.

9 Die Kuchenränder evtl. gerade schneiden. Den Erdbeer-Vanillecreme-Kuchen in etwa 6 x 7 cm große Stücke schneiden.

Käse-Heidelbeer-Kuchen

Zubereitungszeit:
50 Minuten, ohne Teiggehzeit
Backzeit: etwa 50 Minuten

Für den Hefeteig:
- 1 Bio-Orange
- 150 g Butter oder Margarine
- 200 ml Milch
- 350 g Weizenmehl
- 1 Pck. Dr. Oetker Trockenbackhefe
- 100 g Zucker
- 1 Ei (Größe L)

Für den Belag:
- 2 Gläser Heidelbeeren (Abtropfgewicht je 205 g) oder 750 g frische Heidelbeeren
- 6 Eigelb (Größe M)
- 750 g Magerquark
- 250 g Zucker
- 1 Pck. Dr. Oetker Pudding-Pulver Vanille-Geschmack
- 250 g Schlagsahne
- 6 Eiweiß (Größe M)

Für die Mandelmasse:
- 100 g Butter
- 150 g Zucker
- 200 g Schlagsahne
- 300 g gehobelte Mandeln

PRO STÜCK:
E: 7 g, F: 14 g, Kh: 23 g,
kJ: 1044, kcal: 250, BE: 2,0

1 Für den Teig Orange heiß abwaschen, abtrocknen und die Schale dünn abreiben. Milch leicht erwärmen und Butter oder Margarine darin zerlassen. Mehl in eine Rührschüssel geben und mit der Trockenbackhefe vermischen. Die Milch-Fett-Mischung, Zucker, Ei und Orangenschale hinzufügen. Die Zutaten mit einem Mixer (Knethaken) zunächst kurz auf niedrigster, dann auf höchster Stufe in etwa 5 Minuten zu einem glatten Teig verarbeiten. Den Teig mit Mehl bestäuben und zugedeckt etwa 1 Stunde an einem warmen Ort gehen lassen.

2 Den Teig leicht mit Mehl bestäuben, aus der Schüssel nehmen und in einem tiefen Backblech oder einer Fettpfanne (30 x 40 cm, gefettet, mit Backpapier belegt) ausrollen.

3 Den Backofen vorheizen.
Ober-/Unterhitze: etwa 180 °C, Heißluft: etwa 160 °C

4 Für den Belag Heidelbeeren auf einem Sieb abtropfen lassen. Frische Heidelbeeren verlesen, waschen und gut abtropfen lassen.

5 Eigelb, Quark, Zucker und Pudding-Pulver in einer Rührschüssel zu einer glatten Masse verrühren. Sahne steif schlagen. Eiweiß ebenfalls steif schlagen. Sahne und Eischnee nacheinander unter die Quarkmasse heben. Die Quarkcreme auf dem Hefeteig verteilen und glatt streichen. Die Heidelbeeren darauf verteilen.

6 Für die Mandelmasse Butter, Zucker, Sahne und Mandeln in einem Topf unter Rühren kräftig aufkochen lassen. Die Mandelmasse esslöffelweise auf den Heidelbeeren verteilen. Das Backblech oder die Fettpfanne in den vorgeheizten Backofen schieben. Den Käse-Heidelbeer-Kuchen **etwa 50 Minuten backen.**

7 Das Backblech oder die Fettpfanne auf einen Kuchenrost stellen. Den Käse-Heidelbeer-Kuchen erkalten lassen. Die Kuchenränder mit einem elektrischen Messer glatt schneiden. Den Kuchen in etwa 5 x 6 cm große Stücke schneiden.

TIPP: Der Kuchen geht beim Backen sehr stark auf. Evtl. vorher einen Backrahmen um den Hefeteig stellen oder die Teigränder mit Backpapierstreifen sichern, sodass Flüssigkeit nicht vom Backblech in den Backofen tropfen kann.

EINFACH – GUT VORZUBEREITEN – 48 STÜCKE

Limetten-Mascarpone-Kuchen

Zubereitungszeit: 30 Minuten
Backzeit: etwa 25 Minuten

Für den All-in-Teig:
1 Bio-Zitrone
300 g Weizenmehl
2 gestr. TL Dr. Oetker Backin
300 g Zucker
150 g weiche Butter
oder Margarine
100 ml Wasser
4 Eier (Größe M)

Für den Belag:
3 Bio-Limetten
500 g Mascarpone
(ital. Frischkäse)
300 g Joghurt
100 g Puderzucker
500 g Erdbeeren

PRO STÜCK:
E: 2 g, F: 8 g, Kh: 14 g,
kJ: 578, kcal: 138, BE: 1,0

1 Den Backofen vorheizen.
Ober-/Unterhitze: etwa 180 °C, Heißluft: etwa 160 °C

2 Für den Teig Zitrone heiß abwaschen, abtrocknen und die Schale abreiben. Mehl mit Backpulver in einer Rührschüssel mischen. Zucker, Butter oder Margarine, Wasser, Eier und die Zitronenschale hinzufügen. Die Zutaten mit einem Mixer (Rührstäbe) zunächst kurz auf niedrigster, dann auf höchster Stufe in etwa 2 Minuten zu einem glatten Teig verarbeiten.

3 Den Teig auf ein Backblech (30 x 40 cm, gefettet, mit Backpapier belegt) geben und glatt streichen. Das Backblech in den vorgeheizten Backofen schieben. Den Gebäckboden **etwa 25 Minuten backen.**

4 Das Backblech auf einen Kuchenrost stellen. Den Gebäckboden erkalten lassen.

5 Für den Belag Limetten heiß abwaschen, abtrocknen und die Schale abreiben. Limetten halbieren und jeweils den Saft auspressen.

6 Mascarpone in eine Rührschüssel geben. Limettenschale, -saft, Joghurt und Puderzucker hinzugeben. Die Zutaten mit einem Schneebesen zu einer glatten Creme verrühren und auf dem Gebäckboden verteilen, evtl. die Gebäckränder gerade schneiden.

7 Erdbeeren waschen, gut abtropfen lassen und entstielen. Den Limetten-Mascarpone-Kuchen in etwa 5 x 5 cm große Stücke schneiden und vom Backpapier lösen. Auf jedes Kuchenstück eine Erdbeere setzen.

TIPP: Der Kuchen hält im Kühlschrank etwa 2 Tage frisch. Den Gebäckboden können Sie schon 1–2 Tage vor der Zubereitung backen. Wer es besonders sauer mag, kann noch den Saft von 2 weiteren Limetten auf den Gebäckboden träufeln.

Mirabellen-Orangen-Kuchen

Zubereitungszeit: 45 Minuten
Backzeit: etwa 52 Minuten

Für den Streuselteig:
450 g Weizenmehl
70 g Puderzucker
70 g Zucker
1 Prise Salz
1 Eigelb (Größe M)
300 g kalte Butter oder Margarine

750 g Mirabellen

Für die Creme:
1 Pck. Dr. Oetker Pudding-Pulver (Vanille- oder Sahne-Geschmack)
150 g Zucker
300 ml frisch gepresster Orangensaft
300 g Schlagsahne

Für die Mandelstreusel:
50 g gestiftelte Mandeln
50 g Puderzucker

PRO STÜCK:
E: 2 g, F: 13 g, Kh: 28 g, kJ: 992, kcal: 237, BE: 2,5

1 Den Backofen vorheizen.
Ober-/Unterhitze: etwa 180 °C, Heißluft: etwa 160 °C

2 Für den Teig Mehl, Puderzucker, Zucker, Salz und Eigelb in eine Rührschüssel geben. Butter oder Margarine in dünne Scheiben schneiden und hinzufügen. Die Zutaten mit einem Mixer (Rührstäbe) zunächst kurz auf niedrigster, dann auf höchster Stufe zu feinen Streuseln verarbeiten.

3 Zwei Drittel der Teigstreusel in einem tiefen Backblech oder einer Fettpfanne (30 x 40 cm, gefettet, mit Backpapier belegt) verteilen und mit der Handfläche fest zu einem Teig andrücken.

4 Das Backblech oder die Fettpfanne in den vorgeheizten Backofen schieben. Den Streuselboden **etwa 12 Minuten vorbacken.**

5 In der Zwischenzeit Mirabellen waschen, trocken tupfen, halbieren und entsteinen.

6 Für die Creme Pudding-Pulver, Zucker, Orangensaft und Sahne in einem Topf gut verrühren und unter Rühren gut aufkochen lassen. Die Puddingcreme auf den vorgebackenen Streuselboden streichen. Die Mirabellenhälften darauf verteilen.

7 Für die Mandelstreusel die restlichen Teigstreusel mit Mandeln und Puderzucker vermischen und auf die Mirabellenhälften streuen. Das Backblech oder die Fettpfanne wieder in den heißen Backofen schieben. Den Mirabellen-Orangen-Kuchen **bei gleicher Backtemperatur in etwa 40 Minuten fertig backen.**

8 Das Backblech oder die Fettpfanne auf einen Kuchenrost stellen. Den Mirabellen-Orangen-Kuchen erkalten lassen und in etwa 5 x 8 cm große Stücke schneiden.

TIPP: Der Mirabellen-Orangen-Kuchen kann auch mit 2 Gläsern Mirabellenhälften (Abtropfgewicht je 360 g) zubereitet werden. Mirabellenhälften dann vorher abtropfen lassen.

Nektarinenkuchen

Zubereitungszeit:
25 Minuten, ohne Kühlzeit
Backzeit: etwa 55 Minuten

Für den Knetteig:
400 g Weizenmehl
5 EL kaltes Wasser
½ TL Salz
300 g kalte Butter

Für den Belag:
10 Nektarinen (etwa 1 kg)
150 g sehr weiche Butter
170 g brauner Zucker
5 Eier (Größe L)
200 g Zuckerrübensirup
1 Pck. Dr. Oetker Bourbon-Vanille-Zucker

PRO STÜCK:
E: 3 g, F: 13 g, Kh: 23 g,
kJ: 926, kcal: 221, BE: 2,0

1 Für den Teig Mehl, Wasser und Salz in eine Rührschüssel geben. Die Butter in dünne Scheiben schneiden und hinzufügen. Die Zutaten mit einem Mixer (Knethaken) zunächst kurz auf niedrigster, dann auf höchster Stufe gut durcharbeiten. Den Teig in Frischhaltefolie gewickelt etwa 1 Stunde kalt stellen.

2 Den Teig auf der bemehlten Arbeitsfläche kurz verkneten, mit Mehl bestäuben und auf einem Backblech (30 x 40 cm, gefettet, mit Backpapier belegt) ausrollen, dabei einen etwa 1 cm hohen Rand andrücken.

3 Den Backofen vorheizen.
Ober-/Unterhitze: etwa 220 °C, Heißluft: etwa 200 °C

4 Für den Belag Nektarinen waschen, abtrocknen, vierteln und die Kerne herauslösen.

5 Butter und den braunen Zucker in einer Rührschüssel mit einem Mixer (Rührstäbe) in etwa 3 Minuten schaumig schlagen. Eier nach und nach unterrühren. Zuckerrübensirup und Vanille-Zucker unterschlagen.

6 Die Sirupmasse auf dem Teig verteilen. Die Nektarinenviertel mit der Hautseite nach unten auf die Sirupmasse legen. Das Backblech in den vorgeheizten Backofen schieben. Den Nektarinenkuchen **etwa 10 Minuten backen.** Dann die Backtemperatur um 40 °C herunterschalten (Ober-/Unterhitze 180 °C/Heißluft 160 °C). Den Nektarinenkuchen **weitere etwa 45 Minuten backen.**

7 Das Backblech auf einen Kuchenrost stellen. Den Nektarinenkuchen erkalten lassen und in etwa 5 x 7 cm große Stücke schneiden.

TIPP: Der Nektarinenkuchen kann auch mit 2 Dosen Pfirsichhälften (Abtropfgewicht je 480 g) zubereitet werden. Die Butter für den Belag muss sehr weich sein. Evtl. die Rührschüssel mit der Butter vor der Zubereitung in heißes Wasser tauchen.

Apfel-Rum-Kuchen

Zubereitungszeit:
50 Minuten,
ohne Durchziehzeit
Backzeit: etwa 50 Minuten

Zum Vorbereiten:
80 g Rosinen
100 ml Jamaika-Rum
1 ½ kg Äpfel
Saft von 1 Zitrone

Für den Rührteig:
300 g weiche Butter
oder Margarine
260 g brauner Zucker
1 Pck. Dr. Oetker Vanillin-Zucker
1 Prise Salz
7 Eier (Größe L)
400 g Weizenmehl
3 gestr. TL Dr. Oetker Backin

Zum Bestreuen:
50 g Zucker
1 TL gemahlener Zimt
100 g gehobelte Mandeln

225 g Aprikosenkonfitüre

PRO STÜCK:
E: 6 g, F: 18 g, Kh: 47 g,
kJ: 1621, kcal: 388, BE: 4,0

1 Den Backofen vorheizen.
Ober-/Unterhitze: etwa 180 °C, Heißluft: etwa 160 °C

2 Zum Vorbereiten die Rosinen auf ein Sieb geben, mit warmem Wasser abspülen, abtropfen lassen, in eine Schüssel geben und mit Rum beträufeln. Rosinen etwa 20 Minuten durchziehen lassen.

3 Äpfel schälen, vierteln, entkernen und in Würfel schneiden. Apfelwürfel mit Zitronensaft beträufeln.

4 Für den Teig Butter oder Margarine in einer Rührschüssel mit einem Mixer (Rührstäbe) geschmeidig rühren. Nach und nach Zucker, Vanillin-Zucker und Salz unterrühren. So lange rühren, bis eine gebundene Masse entstanden ist.

5 Jedes Ei etwa ½ Minute unterrühren. Mehl und Backpulver mischen, in 2 Portionen auf mittlerer Stufe unterrühren. Den Teig in ein tiefes Backblech oder eine Fettpfanne (gefettet) geben und glatt streichen. Die Rumrosinen gleichmäßig daraufstreuen. Die Apfelwürfel darauf verteilen und etwas in den Teig drücken.

6 Zum Bestreuen Zucker mit Zimt und Mandeln mischen und auf die Apfelwürfel streuen. Das Backblech oder die Fettpfanne in den vorgeheizten Backofen schieben. Den Apfel-Rum-Kuchen **etwa 50 Minuten backen.**

7 Das Backblech auf einen Kuchenrost stellen. Die Konfitüre in einem Topf glatt rühren und unter Rühren kurz aufkochen lassen. Den heißen Apfel-Rum-Kuchen damit beträufeln, Kuchen erkalten lassen. Den Apfel-Rum-Kuchen in etwa 7 x 8 cm große Stücke schneiden.

Birnen-Schoko-Kuchen

Zubereitungszeit: 45 Minuten
Backzeit: etwa 75 Minuten

Zum Vorbereiten:
100 g abgezogene, gemahlene Mandeln

Für den Streuselteig:
400 g Weizenmehl
100 g Zucker
1 Prise Salz
2 Eigelb (Größe L)
250 g kalte Butter oder Margarine

Für den Belag:
2 Dosen Birnenhälften (Abtropfgewicht je 460 g)
300 g weiße Schokolade
500 g Schlagsahne
2 Eier (Größe L)
1 Eiweiß (Größe L)
70 g Zucker
1 Pck. Dr. Oetker Vanillin-Zucker

PRO STÜCK:
E: 4 g, F: 17 g, Kh: 27 g,
kJ: 1146, kcal: 274, BE: 2,0

1 Den Backofen vorheizen.
Ober-/Unterhitze: etwa 180 °C, Heißluft: etwa 160 °C

2 Zum Vorbereiten Mandeln auf einem Backblech (mit Backpapier belegt) verteilen. Das Backblech in den vorgeheizten Backofen schieben. Die Mandeln etwa 8 Minuten rösten. Die Mandeln mit dem Backpapier vom Backblech auf einen Kuchenrost ziehen und erkalten lassen.

3 Für den Teig Mehl, Zucker, Salz und Eigelb in eine Rührschüssel geben. Butter oder Margarine in dünne Scheiben schneiden und hinzufügen. Die Zutaten mit einem Mixer (Rührstäbe) zunächst kurz auf niedrigster, dann auf höchster Stufe zu feinen Streuseln verarbeiten.

4 Die Teigstreusel in einem tiefen Backblech oder einer Fettpfanne (30 x 40 cm, gefettet, mit Backpapier belegt) verteilen und mit der Handfläche fest zu einem Boden andrücken. Dabei einen etwa 2 cm hohen Rand formen. Das Backblech oder die Fettpfanne in den vorgeheizten Backofen schieben. Den Streuselboden **etwa 35 Minuten backen.**

5 Das Backblech oder die Fettpfanne auf einen Kuchenrost stellen. Den Streuselboden erkalten lassen.

6 Für den Belag Birnenhälften auf einem Sieb abtropfen lassen. Schokolade zuerst in Stücke brechen, dann grob hacken. Sahne in einem Topf bei schwacher Hitze erwärmen. Schokolade hinzugeben und unter Rühren schmelzen. Den Topf von der Kochstelle nehmen.

7 Eier, Eiweiß, Zucker, Vanillin-Zucker und die gerösteten Mandeln in die Schokoladensahne geben und mit einem Schneebesen verschlagen. Die Schokoladenmasse auf dem Streuselboden verteilen. Die Birnenhälften mit der Schnittfläche nach unten in die Schokoladenmasse legen.

8 Das Backblech oder die Fettpfanne in den heißen Backofen schieben. Den Birnen-Schoko-Kuchen **bei gleicher Backtemperatur in etwa 40 Minuten fertig backen.**

9 Das Backblech oder die Fettpfanne auf einen Kuchenrost stellen. Den Birnen-Schoko-Kuchen erkalten lassen und in etwa 5 x 7 cm große Stücke schneiden.

Mohnkuchen

Zubereitungszeit:
60 Minuten, ohne Kühlzeit
Backzeit: etwa 65 Minuten

Für den Knetteig:
600 g Weizenmehl
200 g Zucker
400 g weiche Butter oder Margarine
2 Eigelb (Größe M)
1 Prise Salz

Für die Mohnfüllung:
2 Pck. Dr. Oetker Pudding-Pulver Vanille-Geschmack
170 g Zucker
1 Pck. Dr. Oetker Vanillin-Zucker
800 ml Milch
200 g Schlagsahne
200 g gemahlener Mohn
4 Eigelb (Größe M)
50 g Rosinen
6 Eiweiß (Größe M)

Zum Bestreichen:
1 Eigelb
1 EL Milch
3 EL Aprikosenkonfitüre

PRO STÜCK:
E: 7 g, F: 22 g, Kh: 41 g,
kJ: 1661, kcal: 397, BE: 3,5

1 Für den Teig Mehl in eine Rührschüssel geben. Zucker, Butter oder Margarine, Eigelb und Salz hinzufügen. Die Zutaten mit einem Mixer (Knethaken) zunächst kurz auf niedrigster, dann auf höchster Stufe gut durcharbeiten. Den Teig in Frischhaltefolie gewickelt etwa 3 Stunden kalt stellen.

2 Den Backofen vorheizen.
Ober-/Unterhitze: etwa 180 °C, Heißluft: etwa 160 °C

3 Den Teig halbieren. Eine Teighälfte auf der mit Mehl bestäubten Arbeitsfläche geschmeidig kneten und in einem tiefen Backblech oder einer Fettpfanne (30 x 40 cm, gefettet, mit Backpapier belegt) zu einem Boden ausrollen. Die Teigränder glatt schneiden. Das Backblech oder die Fettpfanne in den vorgeheizten Backofen schieben. Den Knetteigboden **etwa 15 Minuten backen.** Zweite Teighälfte wieder kalt stellen.

4 Für die Mohnfüllung aus Pudding-Pulver, 100 g Zucker, Vanillin-Zucker, Milch und Sahne einen Pudding nach Packungsanleitung zubereiten. Den gemahlenen Mohn unterrühren. Die Masse nochmals unter Rühren aufkochen lassen. Den Topf von der Kochstelle nehmen. Eigelb unterrühren. Rosinen hinzugeben.

5 Eiweiß mit einem Mixer (Rührstäbe) steif schlagen. Restlichen Zucker kurz unterschlagen. Den Eischnee portionsweise unter die Pudding-Mohn-Masse heben. Die Mischung auf den vorgebackenen Knetteigboden geben und glatt streichen.

6 Den restlichen, kalt gestellten Knetteig auf der bemehlten Arbeitsfläche geschmeidig kneten und in Backblechgröße (30 x 40 cm) etwa 1 cm dick ausrollen. Mit einem gezackten Teigrädchen etwa 1 ½ cm breite Streifen ausrädeln. Die Teigstreifen gitterartig auf die Pudding-Mohn-Masse legen.

7 Zum Bestreichen Eigelb mit Milch verschlagen. Die Teigstreifen damit bestreichen. Das Backblech oder die Fettpfanne wieder in den heißen Backofen schieben. Den Mohnkuchen **bei gleicher Backtemperatur in etwa 50 Minuten fertig backen.**

8 Das Backblech oder die Fettpfanne auf einen Kuchenrost stellen. Den Mohnkuchen erkalten lassen.

9 Konfitüre in einem kleinen Topf unter Rühren kräftig aufkochen lassen. Den Mohnkuchen mit der Konfitüre bestreichen und erkalten lassen. Die Kuchenränder evtl. gerade schneiden. Den Mohnkuchen in etwa 6 x 8 cm große Stücke schneiden.

Pflaumen-Zimtrahm-Kuchen

Zubereitungszeit: 60 Minuten
Backzeit: etwa 75 Minuten

Für den Knetteig:
400 g Weizenmehl
320 g Butter oder Margarine
220 g Zucker
1 Pck. Dr. Oetker Bourbon-Vanille-Zucker
1 Eigelb (Größe M)
1 Prise Salz

Für den Belag:
1 kg Pflaumen (Zwetschen)

Für den Zimtrahmguss:
300 g Schlagsahne
2 Eier
1 Eiweiß (Größe M)
220 g Zucker
2 TL gemahlener Zimt

Zum Bestäuben:
1 EL Puderzucker

PRO STÜCK:
E: 4 g, F: 19 g, Kh: 43 g,
kJ: 1517, kcal: 363, BE: 3,5

1 Den Backofen vorheizen.
Ober-/Unterhitze: etwa 180 °C, Heißluft: etwa 160 °C

2 Für den Teig Mehl in eine Rührschüssel geben. Butter oder Margarine, Zucker, Vanille-Zucker, Eigelb und Salz hinzufügen. Die Zutaten mit einem Mixer (Knethaken) zunächst kurz auf niedrigster, dann auf höchster Stufe gut durcharbeiten.

3 Den Teig mit Mehl bestäuben und in einem tiefen Backblech oder einer Fettpfanne (30 x 40 cm, gefettet, mit Backpapier belegt) ausrollen. Dabei einen etwa 2 cm hohen Rand andrücken. Das Backblech oder die Fettpfanne in den vorgeheizten Backofen schieben. Den Knetteigboden **etwa 25 Minuten hellbraun vorbacken.**

4 In der Zwischenzeit für den Belag Pflaumen waschen, abtrocknen, halbieren und entsteinen.

5 Das Backblech oder die Fettpfanne auf einen Kuchenrost stellen. Den Knetteigboden etwas abkühlen lassen.

6 Für den Guss Sahne, Eier, Eiweiß, Zucker und Zimt in einer Rührschüssel mit einem Mixer (Rührstäbe) gut verrühren.

7 Die Pflaumenhälften auf den vorgebackenen Knetteigboden legen. Den Guss darauf verteilen. Das Backblech oder die Fettpfanne wieder in den heißen Backofen schieben. Den Pflaumen-Zimtrahm-Kuchen **bei gleicher Backtemperatur in etwa 50 Minuten fertig backen.**

8 Das Backblech oder die Fettpfanne auf einen Kuchenrost stellen. Den Pflaumen-Zimtrahm-Kuchen in etwa 7 x 8 cm große Stücke schneiden und mit Puderzucker bestäubt warm servieren. Oder den Pflaumen-Zimtrahm-Kuchen erkalten lassen.

EINFACH – 25 STÜCKE

Apfel-Mascarpone-Kuchen

Zubereitungszeit: 60 Minuten
Backzeit: etwa 60 Minuten

Zum Vorbereiten:
1,2 kg Äpfel, z. B. Boskop oder Elstar
Saft von 1 Zitrone

Für den Rührteig:
150 g weiche Butter oder Margarine
275 g Zucker
1 Prise Salz
7 Eier (Größe M)
450 g Weizenmehl
3 gestr. TL Dr. Oetker Backin

Für den Mascarponebelag:
500 g Mascarpone (ital. Frischkäse)
7 Eigelb (Größe M)
150 g Zucker
1 Pck. Dr. Oetker Bourbon-Vanille-Zucker
7 Eiweiß (Größe M)
100 g gehobelte Mandeln

Zum Bestäuben:
2 EL Puderzucker

PRO STÜCK:
E: 7 g, F: 19 g, Kh: 37 g,
kJ: 1481, kcal: 354, BE: 3,0

1 Zum Vorbereiten Äpfel schälen, vierteln und entkernen. Apfelviertel nochmals durchschneiden (achteln) und mit Zitronensaft beträufeln.

2 Für den Teig Butter oder Margarine in einer Rührschüssel mit einem Mixer (Rührstäbe) geschmeidig rühren. Nach und nach Zucker und Salz unterrühren. So lange rühren, bis eine gebundene Masse entstanden ist.

3 Jedes Ei etwa $^{1}/_{2}$ Minute unterrühren. Mehl und Backpulver mischen und in 2 Portionen auf mittlerer Stufe unterrühren. Den Teig in ein tiefes Backblech oder eine Fettpfanne (30 x 40 cm, gefettet, mit Backpapier belegt) geben und glatt streichen. Apfelstücke darauf verteilen und etwas eindrücken.

4 Den Backofen vorheizen.
Ober-/Unterhitze: etwa 180 °C, Heißluft: etwa 160 °C

5 Für den Belag Mascarpone, Eigelb, 100 g Zucker und Vanille-Zucker in einer Rührschüssel mit dem Schneebesen glatt rühren.

6 Eiweiß evtl. in 2 Portionen mit einem Mixer (Rührstäbe) steif schlagen. Restlichen Zucker einstreuen und weitere etwa 2 Minuten schlagen. Eischnee portionsweise unter die Mascarponemasse heben, auf die Apfelstücke geben und glatt streichen. Kuchen mit Mandeln bestreuen. Das Backblech oder die Fettpfanne in den vorgeheizten Backofen schieben. Den Kuchen **etwa 60 Minuten backen.**

7 Das Backblech oder die Fettpfanne auf einen Kuchenrost stellen. Den Kuchen erkalten lassen, in etwa 6 x 7 cm große Stücke schneiden und mit Puderzucker bestäuben.

Haselnuss-Mokka-Kuchen

Zubereitungszeit:
75 Minuten, ohne Abkühlzeit
Backzeit: etwa 35 Minuten

Zum Vorbereiten:
400 g ganze Haselnusskerne

Für den Teig:
150 g weiche Butter oder Margarine
450 g Zucker
8 Eigelb (Größe M)
80 g gesiebtes Kakaopulver
8 Eiweiß (Größe M)

Für die Mokkacreme:
2 Pck. Dr. Oetker Pudding-Pulver Vanille-Geschmack
100 g Zucker
500 ml Milch
500 g Schlagsahne
2 EL lösliches Mokka- oder Espressopulver
250 g weiche Butter
60 g Puderzucker

Zum Bestäuben:
1 EL Kakaopulver

PRO STÜCK:
E: 2 g, F: 12 g, Kh: 11 g,
kJ: 666, kcal: 159, BE: 1,0

1 Den Backofen vorheizen.
Ober-/Unterhitze: etwa 180 °C, Heißluft: etwa 160 °C

2 Zum Vorbereiten Haselnusskerne auf einem Backblech verteilen. Das Backblech in den vorgeheizten Backofen schieben. Die Haselnusskerne etwa 15 Minuten rösten, bis sie stark duften. Das Backblech auf einen Kuchenrost stellen. Haselnusskerne etwas abkühlen lassen, portionsweise in ein Geschirrtuch legen und so aneinander reiben, dass sich die Häutchen lösen. Haselnusskerne im Blitzhacker fein zerkleinern.

3 Für den Teig Butter oder Margarine und 200 g Zucker in einer Rührschüssel mit einem Mixer (Rührstäbe) schaumig schlagen. Eigelb nach und nach unterrühren. Zerkleinerte Haselnusskerne mit Kakao mischen und unter die Butter-Eigelb-Masse rühren. Eiweiß mit einem Mixer (Rührstäbe) steif schlagen, restlichen Zucker unterschlagen. Eischnee portionsweise unterheben.

4 Den Teig auf einem Backblech (30 x 40 cm, mit Backpapier belegt) verteilen und glatt streichen. Das Backblech in den vorgeheizten Backofen schieben. Den Gebäckboden **etwa 35 Minuten backen.**

5 Das Backblech auf einen Kuchenrost stellen. Den Gebäckboden erkalten lassen.

6 Für die Mokkacreme aus Pudding-Pulver, Zucker, Milch und Sahne einen Pudding nach Packungsanleitung zubereiten. Den Topf von der Kochstelle nehmen. Mokka- oder Espressopulver in dem heißen Pudding unter Rühren auflösen. Frischhaltefolie direkt auf den Pudding legen. Pudding bei Zimmertemperatur erkalten lassen.

7 Butter und Puderzucker in einer Rührschüssel mit einem Mixer (Rührstäbe) etwa 4 Minuten schaumig schlagen. Den erkalteten Pudding mit einem Schneebesen glatt rühren und nach und nach unter die Buttermasse rühren. Dabei darauf achten, dass Butter und Pudding Zimmertemperatur haben, da die Creme sonst gerinnt.

8 Die Mokkacreme auf dem Gebäckboden verteilen und mit einem Teelöffel Vertiefungen in die Oberfläche drücken. Den Haselnuss-Mokka-Kuchen etwa 2 Stunden kalt stellen.

9 Die Kuchenränder evtl. gerade schneiden. Den Haselnuss-Mokka-Kuchen mit Kakao bestäuben und in etwa 4 x 4 cm große Stücke schneiden.

SEHR SAFTIG – GUT VORZUBEREITEN – 50 STÜCKE

Ingwer-Möhren-Kuchen

Zubereitungszeit:
70 Minuten, ohne Abkühlzeit
Backzeit: etwa 40 Minuten

Für den Teig:
- 80 g Butterkekse
- 300 g Möhren
- 80 g kandierter Ingwer
- 200 g abgezogene, gemahlene Mandeln
- 200 g gemahlene Haselnusskerne
- 70 g Weizenmehl
- 1 gestr. TL Dr. Oetker Backin
- 1 TL gemahlener Zimt
- 1 TL gemahlener Ingwer
- 1 Msp. gemahlene Nelken
- 1 Prise Salz
- 9 Eigelb (Größe M)
- 240 g feiner Zucker
- 1 Bio-Orange
- 9 Eiweiß (Größe M)

Für den Guss:
- 150 g weiche Butter
- 400 g Doppelrahm-Frischkäse
- 350 g gesiebter Puderzucker
- 1 Pck. Dr. Oetker Bourbon-Vanille-Zucker

PRO STÜCK:
E: 4 g, F: 11 g, Kh: 16 g,
kJ: 758, kcal: 181, BE: 1,5

1 Den Backofen vorheizen.
Ober-/Unterhitze: etwa 180 °C, Heißluft: etwa 160 °C

2 Für den Teig Butterkekse in einen Gefrierbeutel geben, Beutel verschließen. Butterkekse mit einer Teigrolle fein zerbröseln. Möhren putzen, schälen, abspülen, abtropfen lassen und fein reiben. Ingwer fein hacken. Keksbrösel, Mandeln, Haselnusskerne, Mehl, Backpulver, Zimt, Ingwer, Nelken und Salz in einer Rührschüssel gut vermischen.

3 Eigelb und 125 g Zucker in eine Edelstahlschüssel geben und im heißen Wasserbad mit einem Mixer (Rührstäbe) weiß schaumig schlagen. Die Schüssel aus dem Wasserbad nehmen. Möhren und Ingwer unterrühren. Orange heiß abwaschen, abtrocknen, die Schale abreiben und unterrühren.

4 Eiweiß evtl. in 2 Portionen mit einem Mixer (Rührstäbe) steif schlagen. Restlichen Zucker einstreuen und weitere etwa 2 Minuten schlagen, bis ein elastischer Schaum entstanden ist. Ein Drittel des Eischnees zügig unter die Eigelb-Möhren-Masse heben. Die Keksbrösel-Mandel-Haselnuss-Mischung unterziehen. Restlichen Eischnee mit einem Teigschaber unterheben.

5 Den Teig in ein tiefes Backblech oder eine Fettpfanne (30 x 40 cm, mit Backpapier belegt, Backpapier zusätzlich mit weicher Butter bestrichen und mit Mehl bestäubt) geben und glatt streichen. Das Backblech oder die Fettpfanne in den vorgeheizten Backofen schieben. Den Ingwer-Möhren-Kuchen **etwa 40 Minuten backen.**

6 Das Backblech oder die Fettpfanne auf einen Kuchenrost stellen. Den Ingwer-Möhren-Kuchen erkalten lassen.

7 Für den Guss Butter, Frischkäse, Puderzucker und Vanille-Zucker in einer Rührschüssel schaumig rühren, auf den Ingwer-Möhren-Kuchen geben, glatt streichen und mit einem Tortengarnierkamm verzieren. Den Ingwer-Möhren-Kuchen etwa 2 Stunden kalt stellen.

8 Die Kuchenränder evtl. glatt streichen. Den Ingwer-Möhren-Kuchen in etwa 3 x 8 cm große Stücke schneiden.

TIPP: Der Kuchen hält sich im Kühlschrank aufbewahrt frisch. Er kann zwei Tage vor dem Verzehr zubereitet werden.

Orangen-Mandel-Kuchen

Zubereitungszeit:
45 Minuten, ohne Kühlzeit
Backzeit: etwa 60 Minuten

Zum Vorbereiten:
3 große Bio-Orangen (je etwa 360 g)
500 ml Wasser
300 g abgezogene, gemahlene Mandeln

Für den Biskuitteig:
7 Eier (Größe M)
300 g Zucker
3 EL Weizenmehl
1 ½ gestr. TL Dr. Oetker Backin
1 Prise Salz

Für den Guss:
300 g Puderzucker
80 ml Zitronensaft (von etwa 2 Zitronen)
100 g sehr weiche Butter

PRO STÜCK:
E: 2 g, F: 5 g, Kh: 12 g,
kJ: 418, kcal: 100, BE: 1,0

1 Zum Vorbereiten Orangen heiß abwaschen, abtropfen lassen und in einen großen Topf legen. Wasser hinzugießen und zum Kochen bringen. Orangen zugedeckt etwa 45 Minuten kochen lassen.

2 Mandeln in einer Pfanne ohne Fett goldbraun rösten, herausnehmen und auf einem Teller erkalten lassen.

3 Orangen abgießen und erkalten lassen. Orangen in Stücke schneiden, dabei die Kerne entfernen. Orangenstücke in einem Blitzhacker oder mit einem Stabmixer fein pürieren.

4 Den Backofen vorheizen.
Ober-/Unterhitze: etwa 160 °C, Heißluft: etwa 140 °C

5 Für den Teig Eier in einer Rührschüssel mit einem Mixer (Rührstäbe) in 1 Minute schaumig schlagen. Zucker in 1 Minute unter Rühren einstreuen, dann noch weitere 2 Minuten weiterschlagen, bis ein elastischer Schaum entstanden ist.

6 Mandeln mit Mehl, Backpulver und Salz mischen, mit dem Orangenpüree unter den Eierschaum heben. Den Teig in einem tiefen Backblech oder einer Fettpfanne (30 x 40 cm, gefettet, mit Backpapier belegt) verteilen und glatt streichen. Das Backblech oder die Fettpfanne in den vorgeheizten Backofen schieben. Den Orangen-Mandel-Kuchen **in etwa 60 Minuten goldbraun backen.**

7 Das Backblech oder die Fettpfanne auf einen Kuchenrost stellen. Den Orangen-Mandel-Kuchen erkalten lassen.

8 Für den Guss Puderzucker mit Zitronensaft und Butter glatt rühren. Den Guss auf den Orangen-Mandel-Kuchen geben und glatt streichen. Den Orangen-Mandel-Kuchen etwa 1 Stunde kalt stellen.

9 Die Kuchenränder evtl. mit einem Elektromesser gerade schneiden. Den Orangen-Mandel-Kuchen in etwa 3 x 6 cm große Stücke schneiden.

Browniekuchen mit Frischkäse

Zubereitungszeit:
35 Minuten, ohne Abkühlzeit
Backzeit: 25–30 Minuten

Für den Teig:
50 ml Milch
100 g feine Bitter-Schokolade (65 % Kakaoanteil)
200 g weiche Butter oder Margarine
150 g brauner Zucker (Rohrzucker)
1 Pck. Dr. Oetker Bourbon-Vanille-Zucker
4 Eier (Größe M)
250 g Weizenmehl
20 g gesiebtes Kakaopulver
1 gestr. TL Dr. Oetker Backin

Für die Füllung:
300 g Doppelrahm-Frischkäse
30 g Zucker
20 g Speisestärke
abgeriebene Schale von 1 Bio-Zitrone
1 EL Zitronensaft
1 Ei (Größe M)

Für den Belag:
100 g feine Bitter-Schokolade (65 % Kakaoanteil)

PRO STÜCK:
E: 6 g, F: 19 g, Kh: 24 g,
kJ: 1196, kcal: 286, BE: 2,0

1 Für den Teig Milch in einem Topf zum Kochen bringen. Schokolade in Stücke brechen. Den Topf von der Kochstelle nehmen, Schokostücke in die Milch geben und unter Rühren schmelzen lassen.

2 Den Backofen vorheizen.
Ober-/Unterhitze: etwa 180 °C, Heißluft: etwa 160 °C

3 Butter oder Margarine in einer Rührschüssel mit einem Mixer (Rührstäbe) geschmeidig rühren. Nach und nach Zucker und Vanille-Zucker unterrühren. So lange rühren, bis eine gebundene Masse entstanden ist.

4 Jedes Ei etwa ½ Minute unterrühren. Geschmolzene Schokolade hinzufügen.

5 Mehl mit Kakao und Backpulver mischen, in 2 Portionen auf mittlerer Stufe unterrühren. Den Teig auf ein Backblech (30 x 40 cm, mit Backpapier belegt) geben und glatt streichen.

6 Für die Füllung Frischkäse mit Zucker, Speisestärke, Zitronenschale, -saft und Ei gut verrühren. Die Frischkäsemasse mithilfe eines Teelöffels in kleinen Häufchen auf dem Teig verteilen. Die Frischkäsemasse mit einem Löffelstiel einmal durch die Teigmasse ziehen, sodass ein Marmormuster entsteht.

7 Das Backblech in den vorgeheizten Backofen schieben. Den Kuchen **25–30 Minuten backen.**

8 Für den Belag Schokolade in Stücke brechen. Das Backblech auf einen Kuchenrost stellen und die Kuchenoberfläche sofort mit den Schokostücken belegen. Den Kuchen erkalten lassen.

EINFACH – 20 STÜCKE

Frischer Ananaskuchen

Zubereitungszeit:
35 Minuten, ohne Abkühlzeit
Backzeit: etwa 35 Minuten

Für den Rührteig:
- 200 g weiche Butter oder Margarine
- 150 g Zucker
- 1 Pck. Dr. Oetker Vanillin-Zucker
- 1 Prise Salz
- 4 Eier (Größe M)
- 250 g Weizenmehl
- 100 g Kokosraspel
- 2 gestr. TL Dr. Oetker Backin

- 2 EL Kokosraspel für das Backblech

Für den Belag:
- 400–500 g frische Ananasscheiben (aus dem Kühlregal)
- 125 g Heidelbeeren

Zum Bestreichen:
- etwa 100 g Aprikosen-Fruchtaufstrich, fein passiert

Zum Bestreuen:
- etwa 2 EL Kokosraspel

PRO STÜCK:
E: 3 g, F: 15 g, Kh: 23 g,
kJ: 1017, kcal: 243, BE: 2,0

1 Den Backofen vorheizen.
Ober-/Unterhitze: etwa 180 °C, Heißluft: etwa 160 °C

2 Für den Teig Butter oder Margarine in einer Rührschüssel mit einem Mixer (Rührstäbe) geschmeidig rühren. Nach und nach Zucker, Vanillin-Zucker und Salz unterrühren. So lange rühren, bis eine gebundene Masse entstanden ist.

3 Jedes Ei etwa ½ Minute unterrühren. Mehl mit Kokosraspeln und Backpulver mischen, in 2 Portionen auf mittlerer Stufe unterrühren. Den Teig auf ein Backblech (30 x 40 cm, gefettet, mit Kokosraspeln bestreut) geben und glatt streichen.

4 Für den Belag die Ananasscheiben evtl. in etwa ½ cm dicke Scheiben schneiden und auf den Teig legen. Heidelbeeren abspülen, gut trocken tupfen und in den Zwischenräumen der Ananasscheiben verteilen. Das Backblech in den vorgeheizten Backofen schieben. Den Ananaskuchen **etwa 35 Minuten backen.**

5 Das Backblech auf einen Kuchenrost stellen. Zum Bestreichen den Fruchtaufstrich in einem kleinen Topf kurz erhitzen. Den noch warmen Ananaskuchen damit bestreichen und mit Kokosraspeln bestreuen. Den Ananaskuchen erkalten lassen.

TIPP: Statt der frischen Ananasscheiben können Sie auch 1 Dose gut abgetropfte Ananasscheiben (Abtropfgewicht 500 g) verwenden. Nach Belieben den Ananassaft auffangen, mit Wasser auf 500 ml auffüllen und mit 2 Päckchen ungezuckerten Tortengusspulver, klar einen Guss nach Packungsanleitung zubereiten. Den Guss auf dem erkalteten Ananaskuchen verteilen. Guss fest werden lassen.

Schoko-Milch-Schnitte

Zubereitungszeit:
40 Minuten, ohne Kühlzeit
Backzeit: 8–10 Minuten

Für den Biskuitteig:
4 Eier (Größe M)
120 g Zucker
100 g Weizenmehl
30 g gesiebtes Kakaopulver

Für die Creme:
200 g Magerquark
100 g gesüßte Kondensmilch
200 g Schlagsahne
1 Pck. Dr. Oetker Bourbon-Vanille-Zucker
1 Pck. Sahnesteif

PRO STÜCK:
E: 7 g, F: 9 g, Kh: 23 g,
kJ: 839, kcal: 201, BE: 2,0

1 Den Backofen vorheizen.
Ober-/Unterhitze: etwa 200 °C, Heißluft: etwa 180 °C

2 Für den Teig Eier und Zucker mit einem Mixer (Rührstäbe) auf höchster Stufe in etwa 5 Minuten schaumig schlagen. Mehl mit Kakao mischen, auf die Eiercreme geben und mit einem Schneebesen unterheben. Den Teig auf ein Backblech (30 x 40 cm, mit Backpapier belegt) geben und glatt streichen.

3 Das Backblech in den vorgeheizten Backofen schieben. Die Biskuitplatte **8–10 Minuten backen.**

4 Die Biskuitplatte vom Backblechrand lösen. Die Biskuitplatte mit dem Backpapier vom Backblech auf einen Kuchenrost ziehen. Biskuitplatte erkalten lassen.

5 Für die Füllung Quark und Kondensmilch verrühren. Sahne mit Vanille-Zucker und Sahnesteif steif schlagen und unter die Quarkmasse heben.

6 Das mitgebackene Backpapier vorsichtig von der Biskuitplatte abziehen. Biskuitplatte längs halbieren. Die Quark-Sahne-Creme auf eine Biskuithälfte geben und glatt streichen. Die zweite Biskuithälfte mit der glatten Seite nach oben auf die Quark-Sahne-Creme legen. Den Kuchen mindestens 2 Stunden in den Kühlschrank stellen.

7 Vor dem Servieren die Kuchenränder evtl. gerade schneiden. Den Kuchen in 8 x 5 cm große Rechtecke schneiden.

Mandarinen-Schnitten

Zubereitungszeit: 40 Minuten
Backzeit: etwa 30 Minuten

Für den Teig:
2 Dosen Mandarinen (Abtropfgewicht je 175 g)
225 g weiche Butter oder Margarine
150 g Zucker
1 Pck. Dr. Oetker Finesse Geriebene Zitronenschale
5 Eier (Größe M)
300 g Weizenmehl
3 gestr. TL Dr. Oetker Backin
75 g Weichweizengrieß

Für den Marshmallow-Belag:
6 Blatt weiße Gelatine
75 ml kochendes Wasser
300 g feinster Zucker
2 TL Zitronen- oder Limettensaft
einige Tropfen Lebensmittelfarbe nach Wahl
etwas Puderzucker

PRO STÜCK:
E: 4 g, F: 11 g, Kh: 39 g,
kJ: 1154, kcal: 276, BE: 3,5

1 Für den Teig Mandarinen auf einem Sieb abtropfen lassen. Den Backofen vorheizen.
Ober-/Unterhitze: etwa 180 °C, Heißluft: etwa 160 °C

2 Butter oder Margarine in einer Rührschüssel mit einem Mixer (Rührstäbe) geschmeidig rühren. Nach und nach Zucker und Zitronenschale unterrühren. So lange rühren, bis eine gebundene Masse entstanden ist. Jedes Ei etwa 1/2 Minute unterrühren. Mandarinen unterrühren (die Mandarinen sollten etwas zerkleinert werden). Mehl mit Backpulver und Grieß mischen, in 2 Portionen kurz auf mittlerer Stufe unterrühren.

3 Den Teig auf ein Backblech (30 x 40 cm, mit Backpapier belegt) geben und glatt streichen. Das Backblech in den vorgeheizten Backofen schieben. Den Kuchen **etwa 30 Minuten backen.**

4 Das Backblech auf einen Kuchenrost stellen. Den Kuchen erkalten lassen.

5 Für den Belag Gelatine nach Packungsanleitung einweichen. Gelatine leicht ausdrücken und in eine Rührschüssel (etwa 2-Liter-Inhalt) geben. Einen Esslöffel kochendes Wasser hinzugeben. Gelatine unter Rühren auflösen. Zügig den Zucker und das rest-liche kochende Wasser hinzufügen. Die Zutaten sofort mit einem Mixer (Rührstäbe) auf höchster Stufe in etwa 10 Minuten aufschlagen, bis sich der Zucker gelöst hat und eine weiß-schaumige Masse entstanden ist.

6 Die Zuckerschaummasse evtl. halbieren. Jeweils 1 Teelöffel Zitronen- oder Limettensaft mit einer Lebensmittelfarbe verrühren. Die angerührte Lebensmittelfarbe jeweils unter die Schaummasse rühren. Die Schaummasse getrennt in je einen Spritzbeutel mit glatter Tülle füllen und verschiedene Muster auf den Kuchen spritzen. Oder die Schaummasse sofort auf die Kuchenoberfläche geben und verstreichen. Schaummasse fest werden lassen (nicht kalt stellen).

7 Den Mandarinen-Kuchen in Schnitten teilen.

Erdbeer-Panna-cotta-Schnitten

Zubereitungszeit:
35 Minuten, ohne Kühlzeit
Backzeit: etwa 15 Minuten

Für den Teig:
100 g Löffelbiskuits
4 Eier (Größe M)
2 EL heißes Wasser
70 g Zucker
1 Pck. Dr. Oetker Vanillin-Zucker
75 g Weizenmehl
1 gestr. TL Dr. Oetker Backin

Für den Belag:
700 g Erdbeeren
400 g Schlagsahne
60 g Puderzucker
7 Blatt weiße Gelatine
2 EL Zitronensaft

etwas Puderzucker

PRO STÜCK:
E: 4 g, F: 8 g, Kh: 17 g,
kJ: 664, kcal: 159, BE: 1,5

1 Für den Teig Löffelbiskuits in einen Gefrierbeutel füllen. Beutel verschließen. Löffelbiskuits mit einer Teigrolle fein zerbröseln.

2 Den Backofen vorheizen.
Ober-/Unterhitze: etwa 180 °C, Heißluft: etwa 160 °C

3 Eier und Wasser in einer Rührschüssel mit einem Mixer (Rührstäbe) auf höchster Stufe in 1 Minute schaumig schlagen. Zucker mit Vanillin-Zucker mischen, in 1 Minute unter Rühren einstreuen, dann noch etwa 2 Minuten schlagen. Mehl mit Backpulver mischen, kurz auf niedrigster Stufe unterrühren. Biskuitbrösel unterheben. Den Teig auf ein Backblech (30 x 40 cm, mit Backpapier belegt) geben und glatt streichen. Das Backblech in den vorgeheizten Backofen schieben. Die Biskuitplatte **etwa 15 Minuten backen.**

4 Die Biskuitplatte vom Backblechrand lösen und auf mit Zucker bestreutes Backpapier stürzen. Biskuitplatte erkalten lassen. Mitgebackenes Backpapier vorsichtig abziehen. Die Biskuitplatte senkrecht halbieren, sodass 2 Platten (etwa 30 x 20 cm) entstehen. Eine Biskuitplatte auf eine Tortenplatte legen. Einen Backrahmen darumstellen.

5 Für den Belag Erdbeeren putzen, abspülen, abtropfen lassen, entstielen und halbieren. 400 g Erdbeeren mit Sahne und Puderzucker in einem Topf zum Kochen bringen und bei mittlerer Hitze 2–3 Minuten kochen lassen. Restliche Erdbeeren kalt stellen.

6 Gelatine nach Packungsanleitung einweichen. Die Erdbeer-Sahne-Masse pürieren. Gelatine ausdrücken und unter Rühren darin auflösen. Zitronensaft unterrühren. Die Püreemasse in den Kühlschrank stellen, erkalten und leicht gelieren lassen. Dabei zwischendurch mehrmals umrühren. Die kalt gestellten Erdbeerhälften mit der Schnittfläche nach unten auf die Biskuitplatte legen.

7 Wenn das Erdbeer-Sahne-Püree anfängt zu gelieren, es auf den Erdbeerhälften im Backrahmen verteilen und glatt streichen. Die zweite Biskuitplatte darauflegen. Den Kuchen etwa 3 Stunden in den Kühlschrank stellen.

8 Den Backrahmen lösen und entfernen. Den Kuchen mit Puderzucker bestäuben und in Schnitten teilen.

Schoko-Panna-cotta-Schnitten

Zubereitungszeit:
40 Minuten, ohne Kühlzeit
Backzeit: etwa 20 Minuten

Für den Rührteig:
- 150 g weiche Butter
- 100 g Zucker
- 4 Eier (Größe M)
- 250 g Weizenmehl
- 2 gestr. TL Dr. Oetker Backin
- 50 g abgezogene, gemahlene Mandeln
- 150 g Sahne Pudding Bourbon-Vanille (aus dem Kühlregal)

Für den Belag:
- 7 Blatt weiße Gelatine
- 100 ml Milch
- 75 g Zucker
- 25 g gesiebtes Kakaopulver
- 500 g Schlagsahne
- 200 g Zartbitter-Schokolade (mindestens 50 % Kakaoanteil)
- 2 EL Zitronensaft
- 200 g Mascarpone (ital. Frischkäse)

Für den Belag:
- ½ geschälte, große, reife Ananas (ohne Mittelstrunk)
- 25 g brauner Zucker (Rohrzucker)

PRO STÜCK:
E: 10 g, F: 42 g, Kh: 47 g,
kJ: 2563, kcal: 612, BE: 4,0

1 Den Backofen vorheizen.
Ober-/Unterhitze: etwa 180 °C, Heißluft: etwa 160 °C

2 Für den Teig Butter oder Margarine in einer Rührschüssel mit einem Mixer (Rührstäbe) geschmeidig rühren. Nach und nach Zucker unterrühren. So lange rühren, bis eine gebundene Masse entstanden ist.

3 Jedes Ei etwa ½ Minute unterrühren. Mehl und Backpulver mischen, in 2 Portionen mit den Mandeln auf mittlerer Stufe unterrühren. Sahne-Pudding unterrühren. Den Teig auf ein Backblech (30 x 40 cm, gefettet, mit Backpapier belegt) geben und glatt streichen. Einen Backrahmen darumstellen. Das Backblech in den vorgeheizten Backofen schieben. Die Gebäckplatte **etwa 20 Minuten backen.**

4 Das Backblech auf einen Kuchenrost stellen. Die Gebäckplatte erkalten lassen.

5 Für den Belag Gelatine nach Packungsanleitung einweichen. Milch in einen Topf geben, mit Zucker und Kakao verrühren. Sahne hinzugießen, bei mittlerer Hitze zum Kochen bringen. Den Topf von der Kochstelle nehmen. Schokolade in kleine Stücke hacken. Eingeweichte, leicht ausgedrückte Gelatine und Schokolade in der Sahnemilch unter Rühren auflösen, unter Rühren erkalten lassen.

6 Nach und nach Zitronensaft und Mascarpone unter die erkaltete Schokoladensahnemasse (muss noch flüssig sein) rühren, evtl. nochmals kalt stellen, bis die Schokoladensahnemasse anfängt zu gelieren. Dann die Schokoladensahnemasse vorsichtig auf die Gebäckplatte geben. Das Backblech etwa 3 Stunden in den Kühlschrank stellen.

7 Den Backrahmen lösen und entfernen. Den Backofengrill vorheizen.

8 Für den Belag Ananas in 12 sehr dünne Scheiben schneiden. Die Ananasscheiben dicht nebeneinander auf 2 Backbleche legen und mit etwas Zucker bestreuen. Die Backbleche nacheinander unter den vorgeheizten Grill schieben. Ananasscheiben **jeweils 6–8 Minuten grillen,** bis sie leicht gebräunt sind. Ananasscheiben erkalten lassen.

9 Den Panna-cotta-Kuchen in 12 Schnitten teilen und mit je einer Ananasscheibe belegen.

Amazonas-Kuchen

Zubereitungszeit:
45 Minuten, ohne Kühlzeit
Backzeit: etwa 40 Minuten

Für den Rührteig:
- 125 g Cashewkerne (geröstet, gesalzen)
- 250 g weiche Butter
- 200 g Zucker
- 1 Pck. Dr. Oetker Vanillin-Zucker
- 5 Eier (Größe M)
- 300 g Weizenmehl
- 3 gestr. TL Dr. Oetker Backin
- 20 g gesiebtes Kakaopulver
- 1 EL Milch

Für den Belag:
- 900–1000 g Bananen (etwa 6 Stück)
- 3 EL Zitronensaft
- 1 EL Zucker

Für die Buttercreme:
- 1 Pck. Dr. Oetker Pudding-Pulver Vanille-Geschmack
- 75 g Zucker
- 500 ml Bananenmilch
- 250 g weiche Butter

Für den Guss:
- 200 g Zartbitter-Schokolade (50 % Kakaoanteil)
- 2 EL Speiseöl

- 2 EL gehackte Cashewkerne

PRO STÜCK:
E: 7 g, F: 31 g, Kh: 43 g,
kJ: 2009, kcal: 480, BE: 6,0

1 Den Backofen vorheizen.
Ober-/Unterhitze: etwa 180 °C, Heißluft: etwa 160 °C

2 Für den Teig Cashewkerne in einem Blitzhacker fein hacken. Butter in einer Rührschüssel mit einem Mixer (Rührstäbe) geschmeidig rühren. Nach und nach Zucker und Vanillin-Zucker unterrühren. So lange rühren, bis eine gebundene Masse entstanden ist.

3 Jedes Ei etwa ½ Minute unterrühren. Mehl und Backpulver mischen, in 2 Portionen auf mittlerer Stufe unterrühren. Cashewkerne (2 Esslöffel davon beiseitelegen) unterrühren. Zwei Drittel des Teiges auf ein Backblech (30 x 40 cm, gefettet) geben und glatt streichen. Einen Backrahmen darumstellen. Unter den restlichen Teig Kakao und Milch rühren. Den dunklen Teig gleichmäßig auf dem hellen Teig verstreichen.

4 Für den Belag Bananen schälen, längs halbieren und mit Zitronensaft bestreichen. Die Bananenhälften mit der Schnittfläche nach unten auf den dunklen Teig legen. Zucker mit den beiseitegelegten Cashewkernen mischen und auf die Bananenhälften streuen. Das Backblech in den vorgeheizten Backofen schieben. Den Kuchen **etwa 40 Minuten backen.**

5 Das Backblech auf einen Kuchenrost stellen. Den Kuchen etwa 30 Minuten abkühlen lassen, dann leicht mit Alufolie belegen. Kuchen vollständig erkalten lassen.

6 Für die Buttercreme aus Pudding-Pulver, Zucker und Bananenmilch einen Pudding nach Packungsanleitung zubereiten. Den Pudding erkalten lassen (nicht kalt stellen), dabei gelegentlich umrühren. Butter mit einem Mixer (Rührstäbe) geschmeidig rühren. Den Pudding esslöffelweise unterrühren. Dabei darauf achten, dass Butter und Pudding Zimmertemperatur haben, da die Creme sonst gerinnt. Die Buttercreme gleichmäßig auf den Kuchen streichen. Den Kuchen etwa 1 Stunde in den Kühlschrank stellen.

7 Für den Guss Schokolade in Stücke brechen, mit Speiseöl in einem kleinen Topf im heißen Wasserbad bei schwacher Hitze unter Rühren schmelzen. Die Schokolade auf die fest gewordene Buttercreme geben, schnell verstreichen und mithilfe eines Tortengarnierkammes oder einer Gabel verzieren. Mit gehackten Cashewkernen bestreuen. Guss fest werden lassen. Backrahmen lösen und entfernen.

Weinbergpfirsich-Kuchen

Zubereitungszeit:
40 Minuten, ohne Kühlzeit
Backzeit: etwa 20 Minuten

Für den All-in-Teig:
- 250 g Weizenmehl
- 3 gestr. TL Dr. Oetker Backin
- 100 g Zucker
- 1 Pck. Dr. Oetker Vanillin-Zucker
- 3 Eier (Größe M)
- 125 g weiche Butter oder Margarine
- 125 ml Orangensaft (ohne Zucker)

Für den Belag:
- 1 kg Weinbergpfirsiche (in kleine Stücke geschnitten)
- 1 Beutel (25 g) Gelfix Super 3:1
- 350 g Zucker
- 1 Pck. (5 g) Zitronensäure
- 3 Blatt weiße Gelatine
- 2 EL Orangensaft
- 500 g Speisequark (40 % Fett)
- 1 Pck. Dr. Oetker Vanillin-Zucker

Zum Garnieren:
- etwa 150 g Himbeeren (20 Stück)

PRO STÜCK:
E: 6 g, F: 10 g, Kh: 39 g,
kJ: 1122, kcal: 268, BE: 3,0

1 Den Backofen vorheizen.
Ober-/Unterhitze: etwa 180 °C, Heißluft: etwa 160 °C

2 Für den Teig Mehl mit Backpulver in einer Rührschüssel mischen. Zucker, Vanillin-Zucker, Eier, Butter oder Margarine und Orangensaft hinzufügen. Die Zutaten mit einem Mixer (Rührstäbe) zunächst kurz auf niedrigster, dann auf höchster Stufe in etwa 2 Minuten zu einem glatten Teig verarbeiten. Teig auf ein Backblech (30 x 40 cm, gefettet) geben und glatt streichen. Das Backblech in den vorgeheizten Backofen schieben. Die Gebäckplatte **etwa 20 Minuten backen.**

3 Das Backblech auf einen Kuchenrost stellen. Die Gebäckplatte erkalten lassen.

4 Für den Belag Pfirsichstücke in einen großen Topf geben. Gelfix mit Zucker verrühren und unter die Pfirsichstücke rühren. Die Zutaten unter Rühren bei starker Hitze zum Kochen bringen und mindestens 3 Minuten unter ständigem Rühren sprudelnd kochen lassen. Den Topf von der Kochstelle nehmen. Zitronensäure unterrühren. Die Konfitüre etwa 20 Minuten abkühlen lassen, dabei zwischendurch 2–3-mal umrühren.

5 Die Konfitüre auf die Gebäckplatte geben, glatt streichen und erkalten lassen.

6 Gelatine nach Packungsanleitung einweichen. Gelatine ausdrücken und in einem kleinen Topf bei schwacher Hitze unter Rühren erwärmen, bis sie völlig gelöst ist. Orangensaft unterrühren.

7 Quark mit Vanillin-Zucker verrühren. Gelatine zunächst mit etwas von der Quarkmasse verrühren, dann unter die restliche Quarkmasse rühren. 20 Quarkhäufchen mithilfe eines Esslöffels auf den Konfitürenbelag setzen.

8 Zum Garnieren Himbeeren verlesen, evtl. kurz abspülen und gut trocken tupfen. In die Mitte jedes Quarkhäufchens eine Himbeere setzen. Den Konfitüren-Kuchen etwa 30 Minuten in den Kühlschrank stellen. Den Kuchen vor dem Servieren in Stücke schneiden.

TIPP: Statt Weinbergpfirsiche können auch normale Pfirsiche verwendet werden. Statt Gelfix Super 3:1 können Sie auch 250 g (1/2 Pck.) Super Gelierzucker 3:1 verwenden. Dann 750 g vorbereitete, in kleine Stücke geschnittene Weinbergpfirsiche für die Konfitüre verwenden.

Allgemeine Hinweise

Abkürzungen

EL	=	Esslöffel
TL	=	Teelöffel
Msp.	=	Messerspitze
Pck.	=	Packung/Päckchen
g	=	Gramm
kg	=	Kilogramm
ml	=	Milliliter
l	=	Liter
evtl.	=	eventuell
geh.	=	gehäuft
gem.	=	gemahlen
ger.	=	gerieben
gestr.	=	gestrichen
TK	=	Tiefkühlprodukt
°C	=	Grad Celsius

Kalorien-/Nährwertangaben

E	=	Eiweiß
F	=	Fett
Kh	=	Kohlenhydrate
kJ	=	Kilojoule
kcal	=	Kilokalorie
BE	=	Broteinheiten

Bei den Nährwertangaben in den Rezepten handelt es sich um auf- bzw. abgerundete ganze Werte. Lediglich die Broteinheiten werden in 0,5er-Schritten mit einer Stelle nach dem Komma angegeben.
Aufgrund von ständigen Rohstoffschwankungen und/oder Rezepturveränderungen bei Lebensmitteln, kann es zu Abweichungen kommen. Die Nährwertangaben dienen daher lediglich Ihrer Orientierung und eignen sich nur bedingt für die Berechnung eines Diätplans, zum Beispiel bei Krankheiten wie Diabetes. Bei krankheitsbedingten Diäten richten Sie sich daher bitte nach den Anweisungen Ihres Diätassistenten bzw. Ihres Arztes.

Allgemeine Hinweise

Lesen Sie bitte vor der Zubereitung – besser noch vor dem Einkauf – das Rezept einmal vollständig durch. Oft werden Arbeitsabläufe oder -zusammenhänge dann klarer.

Zutatenliste und Arbeitsschritte

Die Zutaten sind in der Reihenfolge ihrer Verarbeitung aufgeführt.
Die Arbeitsschritte sind einzeln hervorgehoben, in der Reihenfolge, in der sie von uns ausprobiert wurden.

Zubereitungszeiten

Die Zubereitungszeit ist ein Anhaltswert für die Zeit der Vorbereitung und die eigentliche Zubereitung. Sie variiert je nach Geschick und Übung.
Wartezeiten, wie Abkühl- oder Kühlzeiten, Auftauzeiten sind, sofern parallel keine weitere Tätigkeit erfolgt, nicht in der Zubereitungszeit enthalten. Die Backzeiten werden gesondert ausgewiesen.

Backofeneinstellung und Backzeiten

Die in den Rezepten angegebenen Backtemperaturen und Backzeiten sind Richtwerte, die je nach individueller Hitzeleistung Ihres Backofens über- oder unter- schritten werden können. Gegen Ende der angegebenen Backzeit sollten die Gebäcke genau beobachtet werden. Machen Sie nach Beendigung der angegebenen Backzeit eine Garprobe.
Die Temperaturangaben in diesem Buch beziehen sich auf Elektrobacköfen. Die Temperatureinstellungsmöglichkeiten für Gasbacköfen variieren je nach Hersteller, sodass wir keine allgemeingültigen Angaben machen können. Bitte beachten Sie deshalb bei der Einstellung des Backofens die Gebrauchsanleitung des Herstellers. Ein Backofenthermometer eignet sich dabei gut, um die Backofentemperatur im Blick zu haben.

Einschubhöhe

Hohe und halbhohe Formen werden im Allgemeinen auf dem Rost im unteren Drittel des Backofens ein- geschoben, flache Formen auf dem Rost in die mittlere Einschubleiste. Blechkuchen und Kleingebäck gelingen am besten in der Mitte des Backofens. Abweichungen sind möglich und von der Ausführung Ihres Backofens abhängig (Herstellerangaben beachten).

Kapitelregister

Torten

Kuchen

MIX
Papier aus verantwortungsvollen Quellen
FSC www.fsc.org FSC® C012425

Verlagsgruppe Random House FSC-DEU-0100
Das für dieses Buch verwendete
FSC®-zertifizierte Papier *Perigord Matt*
liefert Condat, Le Lardin Saint-Lazare, Frankreich.

Hinweis
Wenn Sie Anregungen, Vorschläge oder Fragen zu unseren Büchern haben, dann schreiben Sie uns:
Dr. Oetker Verlag KG, Am Bach 11, 33602 Bielefeld oder besuchen Sie uns im Internet unter www.oetker-verlag.de oder www.oetker.de

Taschenbucherstausgabe 05/2012

Genehmigte Lizenzausgabe für den Wilhelm Heyne Verlag,
München, in der Verlagsgruppe Random House GmbH
www.heyne.de
Printed in Germany 2012

Redaktion
Jasmin Gromzik, Miriam Krampitz

Titelfoto
Anke Politt, Hamburg

Innenfotos
Walter Cimbal, Hamburg (S. 81, 91, 103, 107, 115, 127–173)
Thomas Diercks, Hamburg (S. 59, 67, 89, 111, 113, 123, 125)
Christiane Krüger, Hamburg (S. 7–55, 85, 87, 97, 99, 101, 105, 109, 117, 119, 121, 175–189)
Antje Plewinski, Berlin (S. 71, 77)
Anke Politt, Hamburg (S. 57, 61, 63, 65, 69, 73, 75, 79, 83, 93, 95)

Grafisches Konzept: M·D·H Haselhorst, Bielefeld
Umschlaggestaltung: kontur:design GmbH, Bielefeld
Satz und Gestaltung: M·D·H Haselhorst, Bielefeld

Druck und Bindung
Offizin Andersen Nexö, Leipzig

ISBN: 978-3-453-85582-3